U0902345

本书是2021—2022年度广州市青年与共青团工作课题
《新民主主义革命时期党团关系及其当代价值启示》基金项目
项目编号：2021TSW35

青年发展与政策变迁

黄树林　谢素军　著

辽宁人民出版社

图书在版编目（CIP）数据

青年发展与政策变迁 / 黄树林，谢素军著 .— 沈阳：辽宁人民出版社，2022.10

ISBN 978-7-205-10615-7

Ⅰ. ①青… Ⅱ. ①黄… ②谢… Ⅲ. ①青年工作—政策—研究—中国 Ⅳ. ① D432.6

中国版本图书馆 CIP 数据核字（2022）第 207964 号

出版发行：辽宁人民出版社

地址：沈阳市和平区十一纬路 25 号　邮编：110003

电话：024-23284321（邮　购）　024-23284324（发行部）

传真：024-23284191（发行部）　024-23284304（办公室）

http://www.lnpph.com.cn

印　　刷：辽宁新华印务有限公司

幅面尺寸：170mm × 240mm

印　　张：11.5

字　　数：200 千字

出版时间：2022 年 10 月第 1 版

印刷时间：2022 年 10 月第 1 次印刷

责任编辑：郭　健

助理编辑：张弼强

封面设计：张艾米

版式设计：沁雨心文化

责任校对：冯　莹

书　　号：ISBN 978-7-205-10615-7

定　　价：68.00 元

前言

在历史发展的长河中，党和国家向来高度重视青年、关怀青年、信任青年，始终坚持把青年作为党和人民事业发展的生力军，为青年在革命、建设、改革中施展才华创造条件、提供舞台。尊重青年敢想敢干、富有梦想的特质，注重激发青年的参与热情和创新活力，引领青年勇开风气之先、走在时代前列。关心、解决青年的现实问题和迫切需求，支持青年在人民的伟大奋斗中实现自己的人生理想。党的十八大以来，以习近平同志为核心的党中央高度重视青年发展事业，反复强调青年一代有理想、有担当，国家就有前途，民族就有希望，实现中华民族伟大复兴就有源源不断的强大力量。进一步明确中国特色社会主义青年运动方向，全面加强对青年的思想政治引领和成长成才服务，制定实施一系列促进青年发展的政策措施，激励引导青年与民族同命运、与祖国共奋进、与时代齐发展，为广大青年指明了正确的成长道路，创造了良好的成长环境。

然而，在当下市场经济大潮涌动之际，社会面临着复合性的转型升级，这种不可逆的大趋势，让身处其中的青年也随之共振，并接受着时代巨变的洗礼。而中国青年，也仿佛面临着“新常态”。青年的问题从简单转向复杂，青年的选择从单一变成多元，面对国际国内多重的发展困境以及不断加速的发展创新，又无形对现实产生了多维度的迷离。加之法律的日臻完善，道德的时代迷失，物质的直接表达，情感的冷暖自知，都让青年发展这一社会关切产生巨大变量，同时又映射出这个时代的标志性符号。

所以，通过中国青年发展调研这一年度性、延续性和创新性的调研，对青年发展背景的变化进行勾勒，对青年发展现状进行梳理，对青年发展措施予以创新，显得尤为重要和紧迫。本书的编写得到了领导和同事们的大力支持和帮助，在此作者谨表深深的谢意。但是由于作者水平所限，本书难免存在疏漏和不当之处，敬请有关专家和读者提出宝贵意见。

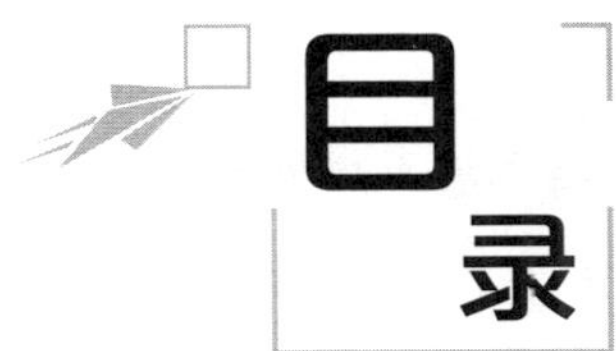

目录

第一章

共青团改革与青年发展

第一节

青春当下：站在新时代发展路口的中国青年

导　语

当前世界面临百年未有之大变局，中国青年是实现中华民族伟大复兴的先锋力量。在当下政治、经济、社会发展大潮涌动之际，中国青年随之共振并接受时代巨变的洗礼，他们在复合的生态环境中不断成长，呈现出多元的发展特征。但推动青年发展的青年政策相对滞后，关于青年政策的研究落后于新时代发展的需求，而青年政策是所有路径的指向和加速发展的基础，我们亟须推动青年发展路径的正确规划，重视青年价值观培养，提升青年政治素养，拓展青年社会参与渠道，优化青年就业创业环境，构建青年职业发展良好平台，创造良好青年政策环境，打造以青年为本的服务体系。

一、中国青年发展所处的复合生态环境

（一）机遇和挑战并行的经济转型背景

当前，中国经济延续稳中求进、稳中向好的发展态势，经济运行保持在合理区间，在世界主要经济体中位居前列。中国 GDP 超万亿的城市已有 23 个，全国 GDP 总量突破 100 万亿，高端产业取得长足发展，供给侧改革成效显著，经济高质量发展的体制机制不断完善，中国经济的

规模性、齐全性和厚实性得到了很好的诠释。居民消费价格涨幅保持较低水平，特别是就业形势总体稳定，成为经济运行的一大亮点。但长期积累的矛盾和风险进一步显现，经济增速换挡、结构调整阵痛、新旧动能转换相互交织，经济下行压力加大。作为“世界工厂”和全球最大的货物贸易出口国，在世界经济持续低迷的大环境下，中国面临外部需求下降的难题。特别是近 3 年来的中美贸易战已经给中国经济产业链和供应链造成了一些负面影响，特别是高科技领域对我们进行“卡脖子”和对中国以“华为”为代表的众多高科技企业进行无理的打压和制裁，给我们的产业升级制造了许多困难。加上突发疫情的冲击，更加大了中国经济的下行压力。原创能力不足“技术瓶颈”已经成为我国经济社会发展的重要制约因素。创新能力已成为决定经济增长的关键因素，高技术人才成为当今国际竞争的关键高地。我们需要处理好短期宏观经济政策与中长期改革之间的辩证关系。短期政策可提振中国经济于一时，但长久发展之计还在于改革。2017 年初，国务院批转了国家发展改革委《关于 2017 年深化经济体制改革重点工作的意见》(简称《意见》)，提出了 10 大类 35 项年度经济体制改革重点任务，内容涉及“放管服”改革、国企混改、产权保护等多个重要领域。供给侧结构性改革的首要任务应是体制机制的改革及提高其改革落地的执行力。只有改革真能到位，才能不断提高资源配置效率，使实际增长率接近潜在增长率并且推高潜在增长率。站在青年发展的角度，当前中国经济面临的风险因素更加纷繁且凸显，其中相对比较突出的风险集中在房地产市场、青年就业创业市场以及创新产业开发市场等。所以，把改革放在了推进各方面工作的关键位置，凸显了国家通过改革来破解结构性难题、促进经济社会发展的决心和信心，对青年来说既是机遇也是挑战。

（二）稳定和变化共存的社会治理形势

近年来，治理成为中国官方话语的正式表述，并不仅仅是语言文字上的形式转变，而是真实变化的中国国家与社会主体关系的体现。社会治理是当代中国社会建设的重要内容之一，作为一项复杂的系统工程，它涉及治理理念、职能体系、治理体制、治理方式的全方位深刻变革。随着“社会本位”的管理理念越来越受到我国各级政府的重视，在社会管理体制改革中，政府、社会组织、公众之间的合作问题成为重点。服务型、自主性、规范性成为社会管理者共同关注的目标。聚焦国内，改革开放以来，我们在发展上取得前无古人的卓越成就和丰富经验，也存在发展不平衡、不协调、不可持续问题，特别是创新能力不强、发展方式粗放、城乡区域发展不平衡、资源环境约束趋紧、收入差距较大、消除贫困任务艰巨等问题相当突出。在我国经济发展进入新常态、重要战略机遇期内涵发生深刻变化的新形势下，迫切需要树立新的发展理念，以新理念引领实现更加科学的发展、更加高质量的发展，而青年群体则是参与社会发展变革的重要群体之一。

（三）顶层和基层并进的政治生态改革

2015 年，习近平总书记在中央党的群团工作会议上指出，群团中存在的问题，实质是脱离群众。2018 年，习近平总书记在全国宣传思想工作会议上强调，要抓住青少年价值观形成和确定的关键时期，引导青少年扣好人生第一粒扣子。青年代表未来，能赢得青年，就能赢得未来。习近平总书记指出，共青团是共产党直接领导的重要群团组织之一，它的本职责任便是组织动员青年参与到党的中心任务中来，追求青年的纪律性和先进性，并将其纳入工作体系。要充分认识当前时代的主题是中华民族伟大复兴和中国梦的实现，准确把握国家工作大的格局，发动青年群众走在时代的最前列，争取在社会经济发展的最前线发挥带头作用。“要以先进引领后进，以文明进步代替蒙昧落后，以真善美抑制假恶丑，教育引导广大人民群众不断提高思想觉悟和道德水平，坚定走中国特色社会主义道路，自觉践行社会主义核心价值观，真正成为党执政的坚实依靠力量、强大支持力量、深厚社会基础。”2016 年 8 月，中共中央办公厅印发了《共青团中央改革方案》(以下简称《方案》)。《方案》强调，共青团是党的助手和后备军，是党和政府联系青年的桥梁和纽带。推进共青团改革，是全面从严治党的一部分，是焕发共青团生机活力的重要举措。《方案》从四大方面、十二个领域提出了改革措施。第一，改进团中央领导机构人员构成、机构设置和运行机制。第二，改革团中央机关干部选拔、使用和管理。把团的岗位作为党政等各领域、各行业优秀年轻干部提高群众工作能力、培养群众工作作风、丰富群众工作经验的重要平台。第三，改革创新团的工作、活动和基层组织建设。把思想政治引领贯穿团的各项工作和活动，深入学习贯彻习近平总书记系列重要讲话精神，广泛开展中国特色社会主义和中华民族伟大复兴的中国梦宣传教育，积极培育和践行社会主义核心价值观，切实担负起引导青年听党话、跟党走的政治任务。加大党委和政府对共青团工作的支持保障力度。落实党建带团建制度，推动把团建纳入各级党委党建工作规划和年度考核内容，团建工作占一定比重；建立抓落实的督导机制。

二、推动中国青年发展的路径规划

2017年8月，中共中央、国务院印发了《中长期青年发展规划（2016—2025年）》（以下简称《规划》），《规划》是新中国历史上第一个青年发展规划。提出到2025年，具有中国特色的青年发展政策体系和工作机制更加完善，广大青年思想政治素养和全面发展水平明显提升，不断成长为志存高远、德才并重、情理兼修、勇于开拓，堪当实现中华民族伟大复兴中国梦历史重任的有生力量。同时，我们必须清醒认识到，纵观全国青年发展事业，其与社会主义现代化建设的新要求、经济社会发展的新形势、广大青年的新期待相比，还存在不少亟待解决的突出问题。

（一）重视青年价值观培育，推动“意识”工程建设

毛泽东同志指出，青年是整个社会力量中的一部分最积极最有生气的力量。我们党的光荣传统之一就是高度重视青年和青年工作。青年是社会最富有活力的群体，其价值取向决定了未来整个社会的价值取向，抓好他们的人生观、世界观、价值观养成，系好其人生的第一粒扣子十分重要。关注青年的价值观培育不仅是学校的事情，也是各级党政部门和全社会必须共同关心、协同配合的一项重要系统工程。应加强青年价值观教育，建立健全领导体制和工作机制，形成知识传授、能力培养、价值观塑造“三位一体”的育人机制和模式。宣传部门、教育部门、共青团、妇联等部门要加强与学校、用人单位的紧密联系与合作，建立有关青年价值观宣传、教育、考评的联系联动机制，定期召开协商会议，研究解决突出问题，协助、督促学校、用人单位做好工作，形成内外齐抓共管的合力。学校方面要出台有关加强学生党建工作的文件，制定大学生党员组织生活或活动日管理办法、党课教育培训管理办法、学生党组织考评规定等，进一步规范严明党的组织生活、党课教育和培训等，在内容上要将马克思主义经典理论和社会主义核心价值观的教育作为重

点，与党员教育结合起来，并建立常态化的机制。同时可建立“党员之家”“党员服务队”“党员示范岗”等，丰富党员日常活动内容，制定党员综合表现管理办法，通过这些平台和制度，激发大学生党员的“角色”意识、“先锋队”意识，促进其党性觉悟不断提高。家庭层面要以家庭为中心言传身教，实现道德的代际传承。《礼记》有云：“所谓治国必先齐其家者，其家不可教，而能教人者，无之。故君子不出家而成教于国。”重视发掘不同语系文化在家训族规、民俗谚语等习俗礼仪中教育儿女、督勉后世道德的教化传统，大力推进家庭道德教育，努力使家庭成为实现个体社会化、推进社会道德建设的第一道关口，成为开展青年价值观教育的主阵地。

（二）重视青年政治素养提升，拓展青年社会参与渠道

在一个高速运转的社会进程中，对青年参与的限制是青年发展最大的障碍。

中国青年政治参与意识热烈，理想性参与大于现实性参与，青年人更愿意采取现代的手段进行政治参与。根据《人民日报》相关调查数据报告，“九〇后”年轻人对两会的关注度还是比较高的。受访年轻人中有两成对人大代表“不太关注”和“非常不关注”。而55.48%的受访者最希望了解代表们的议案，67.73%的受访者认为，能推动实际问题的解决，71.39%的受访者认为代表了解民众心声。调查显示了青年一代对政治的高度关注，只是关注的形式和关注途径发生了新的巨大的变化。为此，面对网络时代青年政治参与现状的变化，一方面，政府应积极应对青年政治参与新形态，努力掌握青年使用的新媒体技术，正确加以引导，使其与政治制度化相协调，并不断提供多样化的网络政治参与方式。另一方面，除了健全完善青年政治参与制度设计外，还需要指引、帮助青年提升个人的政治素质。在社会参与层面，首先要加强发展规范，使青年社会组织“转起来”，对各类社团组织要进行有效梳理与有序管理，对于组织理念不清、资金来源不明的社团组织要仔细审查，同时，借助新媒体方式建立开放、共享的社会组织数据库。其次要加强引导扶持，使青年社会组织“活起来”。将价值引导贯穿于青年社会组织的组建、运行和服务全过程，强化对青年社会组织骨干及成员的社会主义核心价值观教育和理想信念教育，引导其通过参与志愿服务等公益活动，体验和感受主流社会价值导向，帮

助青年形成正确的社会认知，促进青年社会组织骨干的组织理念认同。最后要重点关注志愿服务这一切入口，大力提升志愿服务组织的供给能力，遵循组织内在发展逻辑与机理，加强志愿者组织内部建设、组织架构的完善，以及加强志愿者组织的项目开发与管理、组织治理、资源拓展等更具针对性的培训，引导组织朝着专业化、规范化和社会化的道路发展，从而不断增强志愿服务组织的供给能力，同时建立信息畅通、项目对称的志愿服务供给市场。

（三）重视青年身心健康表达，优化协同疏解问题渠道

在当今大时代变迁中，社会正处于转型时期，新的社会阶层不断涌现，多元价值体系，个人内在与人际间的价值冲突和矛盾增多，这些都给广大青年的心理带来了巨大压力。根据涂敏霞《现代都市青年的心理压力与心理健康 ——广州青少年素质现状》调查数据，调查结果表明，在工作方面，青年人认为“掌握新知识、新技能”带给他们的压力最大（26.8 %），其次是“竞争力强”（19.9 %）、“下岗”（17.7 %）。这反映了广州社会的高速发展使青年人担心自己知识水平跟不上，从而带给他们较大的心理压力。因此，不少青年人要利用自己的闲暇时间，继续参加培训或在职学习，以提高自己的综合素质和竞争力。调查中，当问到“ 你是否觉得工作上的压力很大”时，19.8 % 的青年表示“非常同意”，49.7 % 的青年表示“同意”，而“不同意”或“非常不同意”的青年只占 11.9 %。可见，目前在职的青年大多数觉得工作压力很大，当然还有房价、婚恋、人际交往等一系列压力客观存在。某种意义上来说在北京、上海、广州、深圳竞争激烈的大城市，青年们遭遇的问题在短期内应难以得到迅速缓解，压力可能持续增高，心理健康问题估计还会持续存在，各个层面的主体都应该在青年身心健康方面提供有益的渠道。一是政府层面要营造相对宽松的社会环境，建立合适有力的社会支持系统。加快落实相关政策，在经济上，宏观调控房价、物价等和青年密切相关的方面，减轻青年的生活压力；拓宽就业渠道，并给他们创造更多的平台。引入合理的人才培养使用机制，改革用人制度、户籍制度、保险制度，努力改变这一系列制度改革的不同步、措施的不配套和各种政策相互抵触的现象。二是社会各个层面都应该为青年提供一种健全的话语表达、心声倾诉与意见反馈的渠道。一方面让社会了解青年的思想观念和状况，另一方面

让青年的困惑和压力有一个合理的宣泄渠道，引导青年以合法、合理、理性的方式来表达自己的心声与诉求，尽快减少和消除青年的这种困惑感，增加确定性，是我们社会的精神心理健康建设所面临的主要任务。三是媒体层面要优化社会文化的导向作用，要加强媒体的积极导向作用，要呼唤善意和宽容的人性美，增加人与人之间的信任与友好、善良和爱心，是化解人际紧张关系最好的良药，是建立和谐社会的根本方式。对一些不良媒体传播的信息要进行管理整顿，防止引导青少年走上歧路。同时，媒体应该向全社会普及心态调节、身心健康方面的知识，以增进全民的压力管理知识，与此同时，运用现代新媒体网络，构建全方位立体化的心理健康教育阵地，为青年提供健康积极正向的网络资源，从内心排解负向情绪。要将新媒体功能全面发挥，通过优化制度、架构，完善平台。最后是要培养青年自身情绪管理能力，帮助他们认识自己，建立良好的人际关系，掌握化解矛盾的能力，清晰定位人生目标，当人们对自己的未来和正在走的路有了清晰的认识，就能增强意义感、进步感和控制感，这些都是精神心理问题的保护因素。与此同时，客观看待社会环境，合理利用资源，主动寻求帮助，合理调整自己，培养压力管理意识，寻求适合自己的减压方法，把压力调控在自身可以承受的范围之内，变压力为动力，这有利于从根本上解决青年的情绪管理问题，有利于和谐社会的构建。

（四）重视消除教育不平等工作，创新教育产业人才培养举措

教育的差异化和方向的不确定性导致中国青年教育发展并没有完全实现“全面上水平、全国有影响”的水平，与“为了每一位学生的全面发展和终生幸福”的方向目标也存在差距。针对现实的困境，一方面要建立并实施城乡统一的学校建设标准，加大对经济相对困难区、县级市的转移支付力度，优先改善农村地区公共教育资源配置，缩小城乡、区域、校与技校间教育发展的差距，为青年提供均衡、公平的教育。继续开展“百校扶百校”行动，优质资源学校和薄弱资源学校管理思想、人力资源和教学资源共享，提升薄弱资源学校教育教学水平。加大高中阶段优质学位的供给，推动高中教育优质特色多样化发展。完善进城务工人员子女接受义务教育和高中阶段的政策，对以招收外来务工人员随迁子女为主的民办高中和职业技术学校，要加大补贴力度，让非户籍青年能够接受更优质的教育

和培训。另一方面要办人民满意的教育，让更多青年学子圆了自己的大学梦，扩大研究生层次的人才培养规模，以适应产业层次提升和创新能力提升的要求，积极探索与国内、国外（境外）高水平大学联合培养学生的新途径。建立灵活的高校学习制度，全面推行学分制，实现校际资源共享，建立和完善高校人才培养模式，将各市属高校建设成为高水平大学，为中国青年就近提供充足、优质的大学教育，坚持服务经济社会发展的办学导向，完善知识创新和知识服务体系，推动高等教育内涵发展，增强高等教育服务中国青年教育与学习的能力。此外，要继续大力发展终身教育体系，建设全民学习、终身学习的学习型典型城市，保障青年学有所教、学有所成、学有所用。以学校阅读引领推动全民阅读，提高市民阅读素养。开展社区教育，创建各类学习型组织，鼓励和引导社区居民组成学习共同体。加强社区文化、体育、生活设施建设，社区各类教育、科技、文化和体育资源向全体青年开放，提升社区生活品位。发挥社区教育网络体系潜力，利用社区文化馆、图书馆、博物馆、纪念馆、爱国主义教育基地、农家书屋、社区书屋等阵地，开展青年教育培训服务。加强社区家庭服务中心建设，举办好社区家长学校、家庭教育指导中心，为青年学生家长提供更多更好的家庭教育指导和服务，进一步提升青年的家庭教育质量。同时充分发挥地缘优势、加强国际合作，拓展教育国际交流合作空间，加快培养国际化人才，为城市建设与产业发展提供国际化人才培养、科学研究、社会服务与文化传承创新的支撑。

（五）重视青年就业创业环境优化，构建青年职业发展良好平台

青年就业创业问题是青年发展道路上的重要议程，要从根本上解决青年就业创业这一系统性问题，需要政府层面创造激励就业创业的宏观环境，用人组织为青年职业发展营造健康成长的微观关键，更需要青年自身的进取，以提高核心竞争力。其一是政府层面，要实施积极的就业政策，落实“就业优先”的理念，完善青年就业创业公共服务体系，实现供需有效匹配，以项目化推动青年创业，以创业带动就业。其二是用人组织层面，要优化青年工作环境，提升青年就业归属感，为青年创造合理的晋升机会，为青年职业发展创造良好平台，加大对青年的培训，注重人才的培养，提高青年就业的工作福利，维护青年工作的合法权益。其三是青年个体层面，要树立正确的就业观，理性择业和就业，提升就业综合素质，参

加用人单位组织的岗位培训，参与社会化、市场化的职业类培训，甚至也可以“脱岗”继续参加学历教育；加大各高等院校创新创业教育的落实和高校青年学生创业政策的优惠，将就业创业教育贯穿学生整个培养过程。高等院校需要不断完善创新创业基础课程、拓展课程和实践课程等，增加职业素质教育课程。积极组织学生参加创新创业大赛、职业技能大赛等提升创新实践能力。社会相关部门也要根据人才市场供求状况适当制订合理可行的专业规划，适应社会的发展需要。帮助广大青年树立正确积极的就业观念，加强职业道德和契约精神教育。支持和激励青年自主创业。鼓励和支持青年参加就业技能培训、创业培训和岗前培训，符合条件的给予职业培训补贴。青年群体可以通过积极参与职业类竞赛，以比赛发现自身岗位能力的不足，在竞赛中提升岗位专业能力和工作技能，增强职业核心竞争力，转变就业观念，增强就业发展意识，在职业发展中增进对就业工作的认知，调整就业心态，理性择业和就业。青年的有效创业和择业对国家的稳定和经济发展有着十分重要的作用。

（六）重视婚恋道德文化教育，细化婚恋服务行业规范

在青年的青春期阶段，有针对性地开展婚恋和性健康教育，在大中学校、工厂企业等青少年集中单位开展形式多样的青春健康项目，提高青少年青春健康知识水平和自我保护意识是十分必要的。择偶阶段，加强青年婚恋价值观教育，家庭、学校、社区、政府、企业等多方形成联动机制，拓展青年社交平台，加强青年婚恋情感教育，开展相关讲座，教导恋人、夫妻关系处理技巧。政府应建立婚恋服务行业规范，引导婚恋服务行业健康有序地发展；工青妇组织和其他社会团体应积极与婚恋网站形成线上线下联动，提供更有效运作的婚恋交友平台；同时，还应借助社会力量，提供专业的婚恋咨询指导管理服务。婚姻阶段，开展婚姻培训，提高婚恋质量，政府应调动多方资源，通过各种媒体开展相关的青年婚恋培训活动，并开展各种线上线下的互动活动，开设讲座，教授青年夫妻婚姻中关系处理的技巧，让他们提高夫妻忠诚度和亲密度。积极培育婚姻家庭服务专业机构，广泛建立并不断扩大以心理咨询师、社工等为主体的专业服务队伍，开展专业婚姻治疗服务，提供个别化专业化辅导。婚姻后阶段，弘扬传统文化，加强婚姻道德教育，政府应加强传统道德文化的宣传，开展青年婚姻的道德文化教育，提高他们对婚姻忠诚度和责任感的认知水平。此

外，政府还应进一步重视对青年婚恋价值观的研究，跟踪掌握青年婚恋价值观的变化趋势。当代青年在社会现实条件和价值观的影响下，特别是生育观，实际情况已发生了很大变化，出生率多年不断降低，根据国家相关统计数据监测我国人口出生的情况来看，出生人口和生育水平仍然会呈现走低的趋势。与此同时，人口老龄化程度进一步加深，未来一段时期，将持续面临人口长期不均衡发展的压力，实施三孩生育政策及配套支持措施，目的就是防止出生人口进一步下滑，推动实现适度生育水平。促进人口长期均衡发展，国家要做好相关统计和预案，并以此作为相关人口政策、社会福利政策制定的依据。

（七）重视青年理性消费引导，关注青年休闲娱乐生活

消费是带动社会发展的重要环节 ，对经济的发展起着至关重要的作用。消费也是促进青年发展不可忽略的一个“车轮”：一方面，要促进消费信贷水平合理增长，扩大内需，而完善社会保障制度对于提高青年的贷款消费意愿具有重大意义，我们要积极推动社会保障制度的进一步完善，减轻青年的养老压力，降低预期支出，增强青年的贷款消费意愿，释放消费活力，进一步提高消费对经济增长的贡献率。另一方面，青年人对于消费的过度追求，会带来严重的社会问题 ，近年来关于此类的新闻报道比比皆是。在消费主义的作用下，青年人购买欲变得更加强烈。在消费主义的控制下，欲望得不到填补，极易走上歧途，造成严重的社会问题。相关部门要积极作为，用一系列措施来解决问题。例如贯彻住房限购政策，增加住房有效供给，青年时期是人生重要的婚育期，在此期间，无论是婚姻与住房的捆绑作用，还是学区与住房的关联作用，都使住房在广大青年的心中占据着重要的位置，形成群体性购房偏好，有没有房逐渐成为社会经济地位的一项重要测量指标。另外，消费主义渗透与流行的问题，离不开媒体的宣传造势，在传播的源头上，一些媒体并未承担好自己应有的社会责任。消费观念影响消费行为，若要改变青年的消费行为和消费意愿，转变青年的消费观念为第一要义，即提倡消费，这里的提倡消费不是指铺张浪费，而是指通过消费尽可能使人们各方面的生活需求得到满足，这不仅能提高人们的生活质量和生活水平，还可以拉动经济的发展。最后，要完善网络监督机制，促进网络支付方式繁荣发展，政府相关部门应加强对网络环境的监控和管理，完善网络支付平台的监督机制，加快建立起网络支

付服务相关法律法规，为网络支付方式的健康发展保驾护航。第三方支付平台要不断加快网络技术的改革创新步伐，增强网络平台的安全抵御能力，减少恶意代码和病毒的入侵。消费者自身要增强安全意识，提高识别网络诈骗行为的能力，不要轻信来源不明的网络链接和网络窗口，同时要增强消费者权利意识，当自己的合法权益受到侵害时，要及时与网络支付平台联系，减少资金损失，必要时要积极拿起法律武器，维护自己的合法权益。

与消费对应的娱乐同样是青年发展的另一个“车轮”，特别是进入网络时代后，青年人的娱乐、休闲、社交方式逐渐发生转变，网络游戏逐步成为娱乐休闲交流的重要方式，以青年人为主体的网络游戏市场规模和玩家数量也呈现指数级增长趋势。特别在有国际游戏大赛时，其基本成了青年间交流的主要话题。网络游戏已成为一种新兴的产值巨大的文化产业，国内相关的上市网络游戏公司也不少，诸多网络游戏会在其中设置提升人物等级的装备以展现个性独特的风格，各个玩家可以通过购买武器装备、点卡、道具等一系列虚拟商品来获得游戏时间和提升游戏等级及能力。广大青年人成为推动网络游戏迅猛发展的主要消费群体之一，据相关媒体调查数据显示，当今不少青年不喜欢原来老一辈的娱乐方式来释放集聚的情绪和获得相关情感上的体验，更加趋向于选择虚拟的网络游戏来产生刺激感和愉悦感。全社会学校、家庭都应该正确引导青年群体树立正确的休闲游戏消费心理，预防网络游戏成瘾趋势，控制一些不良消费行为。从多角度发挥作用，引导广大青年树立良好的消费习惯及防范意识。总体而言，中国青年闲暇娱乐状况持续保持平稳态势，青年闲暇娱乐生活能得到较好保障。

（八）重视青年政策环境优化，打造青年为本服务体系

近朱者赤，近墨者黑，为了给青年创造一个好的发展环境，首先要优化青年发展的政策环境，制定符合青年成长发展需求的青年政策和制度安排。根据中国社会科学院新闻与传播研究所等机构联合发布的《青少年蓝皮书：中国青少年互联网运用报告（2020）》显示，中国青少年互联网使用普及率目前已达到 99.4% 以上。侯月娟在其文章中表明，在人工智能时代的媒介环境中，如何最大程度发挥算法推荐的技术优势，同时规避无序发展给青少年带来的不利影响，是值得关注的重要课题。当前互联网平台

基于人工智能技术，算法推荐系统的应用已是常态化、普遍化和制度化，这对于拓宽青少年的信息获取渠道、促进青少年的知识与技能学习、丰富青少年的精神世界等都发挥了积极作用。但是劣质内容、过度沉迷、信息茧房等问题也日益凸显，对青少年的身心健康发展产生了不良影响。要加强对网络人工智能技术的监管，对我们现有的防沉迷系统进行功能更新换代、不断完善，精准发现网络监控和监管盲区，及时封堵技术上的漏洞。要进一步强化对算法推送内容的审核，做到监管内容审核的进一步精细化，例如相关部门可以规定特定类别信息的推送所占比例和时间等。各部门、各地要尽快出台相关市的青少年发展规划，对青少年发展进行系统性规划和顶层设计；明确青年在社会生活中的权利和义务，明确各职能部门、共青团组织、青年社会组织和其他社会力量在青年学习教育、就业创业、成才、社会保障等领域的职责和任务；协调涉及青少年相关事务的部门、机构和组织，对青少年发展事务统一谋划、统一部署、统一调配资源，实现青年发展所需资源的均衡化发展。

（九）重视中国传统文化宣传，提升青年对传统文化的认识

中华文化源远流长、博大精深，传统文化思想在中华民族历史长河中有着不可替代的作用。今天中华民族伟大复兴不但需要“硬实力”，更需要思想文化的“软实力”。当下社会物质财富繁荣的同时，思想文化道德价值观领域出现多元化。青年群体的思想文化道德价值呈现不同态势，许多现实中的事例表明我国正面临着一些思想道德价值危机，例如价值观虚无、诚信不够、拜金主义等。

要实现中华民族伟大复兴，除了考虑政治、经济力量，还要依靠文化力量建构好青年一代的道德精神信仰，需要从中国优秀传统文化和现代精神文明之间找到一个很好的结合点。中国传统文化蕴含着丰富的传统信息，包括“四书”“五经”以及诸子百家等众多历史典籍。其中一个最基本的文化传承方式是对历史和经典文献进行传承和新的解读。比如近年来随着《中国诗词大会》《见字如面》《朗读者》《国家宝藏》《如果国宝会说话》等优秀文化类节目的播出，中华优秀传统文化迅速成为人们讨论的话题。中国传统文化中“仁”“恕”“己所不欲，勿施于人”“正心诚意”“人无信不立”“以民为本”“天人合一”“自强不息、厚德载物”“和而不同”“修身为本”“中庸之道”“重义轻利”“崇德”“与时偕行”“时止

则止，时行则行”“积善之家必有余庆，积不善之家必有余殃”“博学之，审问之，慎思之，明辨之，笃行之”等思想文化具有永恒的价值。这些思想文化精神是中华民族的“根”和“魂”。作为最具活力和创造力的青年群体，无疑是传承传统精神文化的承担和发扬者。

毛泽东明确提出对传统文化要“取其精华去其糟粕”“继承历史文化优秀传统”。扬弃继承就是取其精华去其糟粕，在保持中华优秀传统文化原本内涵的前提下，有选择性地进行取舍，对于中华传统文化中的优秀成分坚持将其传承以及发扬光大，但对于其中的消极成分，要毫不犹豫将其舍弃，坚持在不忘本原的前提下，辩证取舍。习近平总书记强调，“优秀传统文化是一个国家、一个民族传承和发展的根本，如果丢掉了，就割断了精神命脉”。文化兴，国运兴；文化强，民族强。没有高度的文化自信，没有文化的繁荣兴盛，就没有中华民族伟大复兴。文化自信是一个国家最深层、最基础的自信，文化自信必须建立在中华优秀传统文化的基础之上。五千年延绵不断的中华优秀传统文化，每一个中华当代青年都必须坚守。只有不断加强中国青年认识中华优秀传统文化，才能使青年充分了解中华民族的灵魂和精髓，深刻理解中华民族“从哪里来”的历史溯源；正确认识中华优秀传统文化，需要明晰中华优秀传统文化与现代中华民族伟大复兴之间的关系，才能准确把握中华民族“到哪里去”的现实脉络。目的在于更好地贯彻我党“立德树人”和“育人铸魂”的教育方针，培养拥护党的领导、拥护中国特色社会主义的新一代有为青年。培养青年的道德品质，使当代青年具有较高的品学才能和人格境界，通过修身，实现治国、平天下的理想，在当下“中国梦”的伟大时代承担对社会、国家、民族的责任和使命。

三、中国青年发展的问题对策

2021 年在全国“两会”上，《中华人民共和国国民经济和社会发展第十四个五年规划和二〇三五年远景目标纲要（草案）》备受中国青年关注，对于全面建设社会主义现代化国家至关重要，对国家经济社会发展作出安排和在中长期规划的过程中涉及广泛的青年发展领域和众多的青年发展政策，关于青年就业、住房、青年婚恋、青年人才、老人赡养等最新走向，有助于人们加深对中国青年发展政策体系的认识和理解，也有利于克服现实中我国青年发展中客观存在的短板和不足之处。

（一）重视国家青年政策落实

任何政策从科学决策到落地实施的过程中最重要的思想认识要到位。各组织要协调，执行过程要有力，同时要根据具体情况制定出相应具体适宜的细化措施。目前社会团体的治理权责散落、分散在不同的政府职能部门之中。社会组织不同部门分别审批，同时，存在监管缺乏统一化、规范化、透明化规则体系的情况。由于不同管理部门的权责没有清晰界分，遇到对自己部门有利的事情争着管，遇到对自己部门不利的事情互相推诿扯皮，致使对社会组织的治理存在诸多漏洞、“空白地带”和“盲区”，某种程度上处于碎片化、分散化、无机化的状态。由此观之，青年政策在落实的过程中不但要加强思想认识，还要加强各部门政策规划和相互的协调，重点在于落实。

（二）青年政策要解决现实问题

青年思想教育的时代性、实效性有待增强，用共产主义和中国特色社会主义引领青年，用中国梦和社会主义核心价值观凝聚共识、汇聚力量的任务尤为紧迫；青年体质健康水平亟待提高，部分青年心理健康问题日益凸显；青年社会教育和实践教育需要加强，提高教育质量的任务仍十分艰巨；青年就业的结构性矛盾比较突出，影响就业公平的障碍有待进一步破除；青年创业创新的热情有待进一步激发，鼓励青年创业创新的政策和社会环境需要不断优化；人口结构的新特点、新变化使得青年一代的工作和生活压力不断增大，在婚恋、社会保障等方面需要获得更多关心和帮助。例如住房问题，政府要为青年提供多元性购房渠道，解决青年的住房问题，促进家庭和谐，维护社会稳定，使社会经济平稳发展。此外，要加强对房地产市场的监管力度，依法打击囤积房源、哄抬房价等投机性炒房行为，提高房地产市场信息的透明度，建立起社会公众和大众媒体的监督机制，共同营造公平公正的房地产市场环境。建立健全家长教育制度，党委、政府及宣传、教育、民政、司法等部门和工会、共青团、妇联组织进一步加大重视和支持家庭教育的力度，逐步建立起家长学校健全的领导机制和工作机制。建立健全家长教育管理制度，保障家长学校的常态化运转。培育一支相对稳定、家庭教育专业知识技能较高的师资人才队伍，提高家长学校教育教学质量，鼓励科研单位、教育机构多开展家庭教育课题研究，充分利用网络技术提升家庭教育效能。优化校园及周边环境安全，强化青少年安全教育。不断推进平安校园建设，针对校园及周边治安秩序、食品安全、环境污染等问题进行综合整治。将安全教育纳入中小学及大专院校的基础课程中，组建安全教育领导责任小组，构建起全方位的青少年安全教育管理体系，提高青少年的安全意识和安全防范能力。净化青少年成长发展的社会人文环境。建议政府加强协调，组织文化、工商、公安、通管、网信等部门，加强对电子信息产品和计算机网络的监管，及时消除含有暴力、色情和其他不利于青少年群体健康成长内容的电子信息；进一步清理整顿音像制品行业和印刷、出版业，加强对音像制品、电子出版物市场和图书报刊市场的管理，同时，宣传、公安、文广新等部门加强对电视、广播、报业、网络等新闻媒体及社交软件的信息过滤，建立舆情快速反应机制，依法及时封堵不利于青少年心理健康成长信息。此外，还要重视以青年成才发展为导向，形成以青年为本的服务体系。从长远看，还需进一步配备更舒适的闲暇娱乐配套设施、引领闲暇娱乐相关产业升级发展，为青年创造更优良的发展环境。包括优化闲暇娱乐的政策支持，增加财政性体育投入占地方财政支出比重，积极促进第三产业中青年闲暇娱乐产业创新创业，推动青年收入持续增长，提升青年闲暇娱乐质量。同时，要提倡理性消费，许多青年无力抵抗消费主义侵蚀，在潜移默化的过程中，把过度消费当成了时尚的生活方式而乐此不疲，导致一些青年年轻时就债台高筑。青年要理性看待这个商业社会，对其运作机制要有一个较清晰的认知。我们应该反思过度物质和过度消费的弊端，学会理性消费。相关部门为青年创业者提供创业项目论证、财务管理、法律咨询、专利代理、物业管理等指导。依托各大城市创业孵化基地、创业园等平台，为创新创业等活动提供场所和综合服务。公共就业和人才服务机构等部门争取便捷高效地开展政策咨询、职业指导、岗位信息、就业登记、职业介绍、档案保管等“一条龙”服务。组织开展网上就业能力培训、专场招聘会、宣讲会等，开展线上精准就业新模式。对从事创业的青年给予更多的政策帮扶，如审批手续、工商登记、融资、提供创业担保、税收等方面的优惠政策。传统文化在新一代青年中有不断弱化的趋势，统筹协调青年发展工作的体制机制还不完善，各方面共同推进青年发展的合力有待进一步形成。所有的问题在很大程度上都反映在青年政策的制定和实施上，探讨、尝试、验证、推出一系列符合时代、迎合青年需求的发展路径和政策措施刻不容缓。

四、结语

在当下这个大时代，青年工作和政策对中华民族伟大复兴有着巨大的意义。国际竞争的博弈加剧，国内发展的“形态常态”，经济的转型升级，社会贫富的分化，青年多元意识的形成，使青年工作有诸多的难点和痛点需要解决。相信在党中央的正确领导下，通过不断完善我国相关青年政策，积极根据实际情况解决好青年所关注的问题，使青年工作进一步上台阶，为中华民族伟大复兴作出新的贡献。

第二节

青春述评：新时期中国青年现象研究综述

导 语

伴随互联网的加速和改革开放的深化，青年也随之成为“被加速的青年”，过去三年所发生、传播、讨论、反思的青年现象似乎比以往任何时间段都更加丰富和多元，更加零碎化和小众化，更加具有传播力和影响力。通过对国内主要的青年研究期刊论文、著作、融媒体乃至青年研究类论坛成果等进行梳理，发现当下多元文化的角逐正在推动青年现象研究平台迭新，新兴青年群体问题和传统青年发展的新现象给青年现象研究的内容带来大幅拓展，多维理论视角正在不断创新青年现象研究的方法论。当下的青年现象研究仍然存在缺乏系统研究方法论问题，缺乏系统的著作而陷于有限的现象分析，缺乏评论和批判而显得自娱自乐。青年现象研究未来将呈现不断加速、聚焦小众群体和普遍现象以及“回归马克思主义”理论范式的发展趋势。

青年现象不同于其他社会现象，其表现出内涵和外延不断扩大、更迭速度不断加快、社会影响力不断深入的明显特征。在青年研究领域，大有从观察一个时代的青年转向观察一个年度的青年的趋势，甚至这一年与这一个月、这几天的青年现象都不尽相同，乃至发生时代性的变迁。近三年来，于中国青年而言，正处于“两个一百年”的交汇处，正遇见互联网跨入新纪元，正从“二次元”转向“元宇宙”，正在迎接“深化改革开放”带来的新的世界冲击波。因此，近三年的青年现象研究也随之百花齐放，

这个“青年花园”里出现了哪些新的花朵儿？看待花开花落有哪些新的理论视角？我们还需要为“花园”做怎样的“修剪”？本文正是基于以上疑问对近三年青年现象研究的主要成果进行评述。当然，顷筐塈之亦难免遗珠，祈见谅于所限。

一、多元文化角逐对青年现象研究的平台迭新

自 20 世纪 80 年代始，青年现象研究便已经在中国兴起，随后的改革开放 40 年里，青年现象因为青年作为一个国家和社会最具活力的群体，因为青年一定程度引领着一个时代的发展而备受学界关注。甚至在学科建设方面，青年学一度在北京青年政治学院成为现实而风生水起，青年现象研究的平台也随之如雨后春笋般出现，传统的期刊比较有代表性的包括《中国青年研究》《青年研究》《中国青年政治学院学报》（后改名《中国青年社会科学》）以及《当代青年研究》和《青年探索》，还有《青年学报》《山东青年政治学院学报》《青年发展论坛》《广东青年研究》等各省、市主办的青年类专业期刊也具有一定影响力，综合类期刊和高校学报关于青年现象的研究也有，但相对较少。

除了期刊建设方面，青年研究专业机构和青年研究类学会对推动青年现象研究也发挥了重要作用，团中央建立了直属事业单位——中国青少年研究中心，并成立了中国青少年研究会等研究类社团，各省、市也有一定程度上的跟进，如广东团省委建立了事业单位广东青少年发展研究中心（后进行改革并入团校），广州共青团下属事业单位广州市穗港澳青少年研究所（广州市团校）及下属广州市青年研究会等在青年现象研究方面也具有一定的影响力。此外，值得关注的是，对青年现象研究的关注，我国港澳台地区主要集中在一些专业性社团，且这些社团主要以自身所处城市的青年为研究对象，这些研究成果对解读青年发展同样具有重要的意义。此外，传统的青年现象研究平台还包括一系列论坛和研讨会，如每年一届的中国青年发展论坛、部分期刊举办的作者沙龙、联合港澳台举办的四地青年发展比较研究研讨会等，都是一些有益的尝试。

然而，伴随互联网的深度发展，以及改革开放带来的多元文化冲击，特别是近三年以来，关于青年现象研究的平台也在发生一些微妙的变化，尽管传统的研究平台依然发挥着重要的作用，但我们必须看到的是新平台的建设正在影响越来越多的年轻人。变化之一是传统的期刊开始更加注重

公众号和视频号的运营，将枯燥的学术论文转化为有趣的大众化文字和视频，传播度几乎呈几何式增长，如《青年研究》《中国青年研究》《青年探索》等都进行了精心的设计，浏览量已经远远超过期刊发行量。变化之二是一些深耕于青年现象研究的专家开始建立自己的公众号，并利用微信强大的传播力将纯专业的研究转为更为普适性的文章，且为了迎合更多的受众，这些研究会在公众号平台尽量转变话语体系，从而使平台反过来影响青年现象研究。如刘宏森的"子行空间"在青年研究领域具有广泛的传播度，廉思的一篇《时间的暴政——移动互联时代青年劳动审视》刊发于《中国青年研究》2021 年 07 期后，被制作成极具"二次元"特征的视频，让青年研究领域专家深感震撼，也让青少年群体趋之若鹜，从几乎不关注青年现象研究转变为感叹原来青年现象研究可以这样好玩儿。

除了互联网带来青年现象研究平台的迭新，另一个值得关注的变化则是 2019 年暴发新冠肺炎疫情后加速了传统青年研究论坛的式微，越来越多的学者不再认为大型的线下青年研究论坛是最佳的选择，相反，小众的沙龙，高端的线上研讨会，再配以全网直播，不仅可以让青年现象研究脱离传统平台的流于形式，更加聚焦，更加创新，更可以在越来越成熟的直播平台获得传统平台难以想象的参与度和浏览量，不少专家断言，即便疫情彻底消除，线上的、小众的沙龙也必然成为大势所趋。最后值得一提的是，青年现象研究除了备受学界关注，也同样受到市场、政府的关注，因此，一方面是有一些政府牵头的青年研究智库开始出现，另一方面则是越来越多的企业，特别是传媒、游戏等文化领域的企业越来越偏好联合青年现象研究专家建立市场化的研究平台，通过研究青年现象来完善企业的产品和市场战略。总体而言，在多元文化角逐的过程中，青年现象研究平台正在发生深层次的调整和变化，从发展的角度看，无论是政府、市场还是青年研究专家，必须不断调适自身定位去迎接不断加快的迭新并适应之。

二、多重问题显现对青年现象研究的内容拓展

和以往任何时代一样，和欧美、日韩乃至东南亚国家一样，一个时代的青年有一个时代青年发展的问题，每个国家的青年都一样，但又不尽相同。中国青年因为所处的时代正是高速发展和变革的时代，青年发展所呈现的问题和现象也变得更加频繁多样。因此，青年现象研究的内容也随之

迅速拓展，仅在过去三年里，相关研究便已让人眼花缭乱。

（一）对新兴青年群体的广泛研究

新兴青年群体是青年研究领域近年来探讨的全新概念。2019 年前后，廉思及其团队率先研究分析了当前快递小哥群体面临的五个主要风险压力，深度解读了快递小哥群体所面临的困境与出路。随后，项军、刘飞延续廉思等对“蚁族”青年群体的研究范式，聚焦特大城市青年房租客这一新群体，并利用 2019 年在中国覆盖五大城市群的十个代表性特大城市进行的生活状况调查数据，系统考察了青年房租客的结构、境遇与心态。事实上，这一时期“新兴青年群体”已经受到高度关注，包括赵磊、冯英子等聚焦网约车司机，马春光等聚焦新媒体从业青年，颜楠等聚焦自由职业者，还有自由撰稿人、驻唱歌手等群体的生存状态都备受关注，几乎所有新的职业青年群体都成为学术界研究的重要青年现象。

除新兴领域、新职业青年的视角外，还有按照不同年龄阶段群体开展的青年现象研究，如杨守建对“〇〇后”的自我认知进行了深度探讨。而关于“八〇后”“九〇后”乃至“九五后”青年群体的相关研究则更加丰富，如胡小武等对疫情背景下一大批“九〇后”青年逆行者的研究，指出这一群体中有医生、护士、警察、志愿者、快递小哥和辅助人员，他们的勇敢行动，既体现了对自身职业使命和伦理的清晰认知，也体现了国家情感的高度认同，直接反击了被标签化“垮掉的一代”的论调。当然，也有一些非常特殊的青年群体受到了关注，如廉思独辟蹊径对“尼特族”这一青年群体进行了有益的阐述，特别指出不升学未就业现象不仅是青年个人的问题，更是具有一定辐射面的社会问题。类似这种新兴青年群体现象研究还有很多，在此不一一列举。

（二）对超小众化青年群体的聚焦研究

小众化青年现象研究总体比较边缘化，却非常有意思和有意义。过去三年的小众化青年群体研究发展迅速，其中一个重要的进路是对少数青年人生境遇的人文关怀，如黄霞围绕家庭关系、同伴友谊、社会交往三个层面，对单亲家庭青少年情感表达状况进行分析。代玉启、李济沅对“小镇做题家”这一特殊群体予以了特别的关注，分析“小镇”是青年无法选择的家庭出身和社会背景，“做题”实质上是一种竞争模式，“做题家”本质上是这群“小镇青年”兼具优越感和无奈感的自我认知。还有曾雯露特别关注了“〇〇后”初中辍学青年，对粤北某农村辍学青年的深度访谈折射了这一小众群体背后的悲凉及深层次社会原因。邱幼云则对“九〇后”生育困难青年群体进行了个案分析。另一个重要的研究进路是对极小众青年群体现象的客观解读，如周碧蕾等重点关注了“〇〇后”青年环球背包客。李露露等从性别视角出发，通过考察20位中国青年女性创业者日常工作与生活的时间性面向，分析创业活动和私人生活如何同构了青年女性创业群体的“时间荒”问题。

最后，特别值得关注的一种研究进路是基于对小众青年群体的观察来反思社会深层次的问题。如钱周伟深度观察了“八〇/九〇后”官员的腐败现象。邢海燕、周立民等对青年新归侨群体国家认同危机现象进行了客观论述。聂召英、王伊欢以运营电子商务的已婚农村青年妇女作为研究对象，重点分析了其边缘化地位产生的原因。总体而言，小众化青年群体的研究还有所局限，但已经成为一种重要研究趋势，且小众化的研究论证往往具有广泛的代表性，这也是青年现象研究的一个重要启示。

（三）对传统青年群体问题的新现象进行探讨

不同的青年群体有不同的青年现象，同样的青年群体在不同的时间所呈现的现象也不尽相同，这些衍生的新现象一如既往地受到学术界的高度关注。如许加明关注了青年婚恋问题中的一种新群体，认为“凤凰男”和“孔雀女”是我国城乡二元社会体制之下的产物，二者的矛盾本质上是社会的矛盾。蒋平等也从网络情缘的角度分析了青年恋爱的新现象，指出相对于其他形式网恋，网游情缘更关注和放大个人的情感需求。而关于一直在探讨的青年农民工现象，谢建社等重新分析了数以百万计的迈进城镇新一代青少年的社会化问题。李正新重新审视了当前国际危机背景下大学生参军入伍的新现象。任美娜、刘林平再次对高校青年教师的时间压力进行了解构。还有李英华对青年女性瘦身现象进行了全新的分析，季芳芳、孙萍关注了青少年群体中兴起的国风文化，胡涤非、邓世康对公务员报考问题进行了再审视，王军、邢朝国等对二孩生育现象进行了深度解读，朱赫对青年颜值为预期收入带来变化的现象进行了有趣的分析。相关研究不一而足，但有一个共同的特点便是这些研究已经持续了较长一段时间，只是因为这些青年群体由于时代的发展又爆发出新的现象和问题而再次受到关注，这种具有较长跨度、较强韧性的研究成果往往具有更高的现实价值。

（四）青年群体呈现的全新现象更备受关注

毋庸置疑，青年发展的一些全新的现象是学术界关注的焦点，相关研究同样汗牛充栋，如马苗苗等对“短视频热”给青少年群体带来的影响进行了分析。黄裕则主要聚焦手游中的青年，并另辟蹊径提出了思政仪式构建的概念，对手游场域中的思政仪式应用的矛盾与分歧进行了探讨。陶志欢对青年群体性孤独现象进行了深度解析和反思，认为这种现象呈现在青年网络自我新样态、网络社交新幻想以及网络互动新行为中。这些现象和问题都是过往极少关注的论题。还有于桐月、崔忠洲探讨了“九〇后”的年龄焦虑问题，认为年龄焦虑实质上是与生理年龄相关联的角色预期担忧，既受到微观层面的家庭背景与自我期望影响，又有其深刻的社会性根源。还有赵开开、聂家华等重点讨论了城市隐贫青年现象，诸如此类，包括但不局限于“丧文化”“躺平”“饭圈女孩”等一系列全新的现象级青年研究。

三、多维理论视角对青年现象研究的方法推进

毫无疑问，青年现象研究在经过数十年的沉淀后已经形成具有自身特色的机制，或者称为学术“惯性”，且从过去三年的研究进路和方法看，跨学科化的多维视角是最重要的理论特征，同时“回归马克思主义”的理论进路也值得重点关注。

（一）多维理论视角的青年现象研究进路

相较于更早的青年现象研究理论，近三年青年现象研究越来越倾向于社会学视角。如韩怀珠、韩志伟基于布尔迪厄的场域理论，发现教育过程中底层子弟可能拥有的文化资本跟底层文化实践之间并无内在联系，用“底层的文化资本”来代替“底层文化资本”，既能彰显文化资本理论对于“寒门贵子”现象的解释效力，又能避免学究谬误。王寓凡、杨朝清从空间理论切入，基于“空间形态—社区生活—情感认同”的三元分析框架，对如何建设高校学生社区情感共同体进行了探讨。刘迎迎基于空间理论对青年亚文化现象进行了探讨，认为视觉技术、视觉文化的出现为青年亚文

化视觉形象的空间化生产提供了技术装备和理论支持，从大众媒体的“他建”到青年亚文化群体的“自建”，新媒介的出现以及视觉技术的进步为青年亚文化视觉形象的建构提供了空间、场地以及技术装置。陈晨以青年的时间嵌入与脱嵌问题为崭新视角重新审视了青年熬夜问题，从熬夜这一青年常见的行为特征着手，分析青年社会时间结构的形成与发展，探查青年在处理多任务时的同步性困境。汪明磊在互动仪式链的理论框架下，通过对《英雄联盟》粉丝的研究探讨了“竞圈”与其他圈层的界限，虽然频繁与“饭圈”粉丝爆发激烈的冲突，但两者逐渐处于交融之中。廉思、唐盘飞等基于计划行为理论构建了规范直播行为意向的“行为态度—主观规范—知觉行为控制”研究框架，从主播这一市场主体角度探究目前监管政策下的规范直播行为意向及影响因素。还有温欣基于空间社会学理论对“上海名媛群”这一特殊青年群体进行了观察等。可以说，社会学视角占据了青年现象研究的绝大部分领地。

不过，其他学科及跨学科青年现象研究也不容忽视。如管理学视角也是青年现象研究的一个重要进路，师晓娟、颜亮、杨姣等立足生态系统理论，通过实证研究对藏族青年群体的社会责任意识进行的分析显然更加完整和具有说服力。舒建基于治理现代化视域对青年企业管理人才发展进行了探讨。胡玉宁基于信息不对称视角对青少年游戏沉迷现象进行研究。曹钺对当代青年“锦鲤”文化进行了解读。统览近三年青年现象研究，还包括哲学、政治学、文学、新闻传播学等众多的学科视角和方法论，且相关研究成果都具有鲜明的学科专业特色。

（二）“回归马克思主义”的理论审视

曾经一度，马克思主义理论在青年现象研究中被束之高阁，但从近年来青年现象研究的发展态势，特别是近三年来青年现象研究的内容和进路看，马克思主义理论似乎又回来了。一方面是针对青年现象与问题的思想引领，如华耀国基于政治属性的定位，全面解读了《中共中央关于全面加强新时代少先队工作的意见》，强调了坚持政治建队，坚持培育共产主义接班人的根本任务，解答了少先队本源性、基础性的理论与实践问题。陶志欢等基于思政工作定位，指出随着网络上一些负面消极思想在中学生群体内传播，再加上中学生处于青春期这个特殊的人生阶段，中学生的思想政治素养水平及其教育出现了一定程度的游离。张剑、卫晓君等重点从马

克思主义价值维度阐述了当下青年责任担当的问题，认为新时代青年应对照时代价值、探寻价值关联，从坚定理想信念、练就过硬本领、勇于实干奋斗等方面思考和理解责任担当的内涵，结合高校马克思主义自主学习行动计划，从“学传做”的“九度”格局中探讨青年责任担当的实现路径。还有韩振锋探讨了新时代青年干部能力建设的问题等，利用马克思主义理论重新审视新时期的青年现象与问题再次回归主流。值得关注的是，基于习近平新时代中国特色社会主义思想对青年发展进行探讨的研究成果是马克思主义理论在青年现象研究中运用的一种延伸和扩展。

另一方面则是利用马克思主义政治、经济、人类学等理论的探讨，如蒋淑媛、黄彬基于马克思异化劳动理论和业内对于数字劳动的讨论和相关成果，聚焦于我国网络文学行业的发展实际和网络作家从“文艺青年”到“数字劳工”身份的转变，考察探讨在社会发展、技术进步、消费需求、资本偏好等因素共同作用下，网络作家在劳动动因、劳动产品、劳动行为和生产关系中异化的具体表现。纪超凡基于马克思人类学思想对青少年的生命价值教育现象进行了深度解读，认为生命教育是生命本质教育、生命原理教育、生命健康教育、生命安全教育、生命观念教育、生命价值教育等的总和，对青年大学生来说当前最重要的任务是关涉生命价值的教育，目的是使正在成长中的青年一代树立正确的生命价值观，在珍爱生命的前提下自觉投身于中国梦的实现以成就生命价值，生命价值教育应该成为社会主义学校思想政治教育的重要内容。还有乔建国等基于马克思主义青年观对我国青年全面发展的态势和方向进行了论述。这一系列的研究进路相对偏少，但对重新审视青年现象研究同样带来了重要的启示。

四、结语

纵观2019—2021年中国青年现象研究，或许是因为青年本身具备的多元特质更“吸睛”，从而使青年现象研究无论是研究平台、专家队伍还是选题都得到了有益的扩充。其中，在期刊平台方面，《中国青年研究》刊发的青年现象类论文最多，且相对前沿，更具传播力，《青年研究》则专注于严格的社会学范式来解读经典的青年现象与问题，而广东的《青年探索》《广东青年研究》，江西的《青年发展论坛》等也在努力探索自身对青年现象研究的特色和出路。在专家队伍方面，越来越多的高校青年教师，特别是硕博士群体开始参与青年现象研究，这是一个积极的信号。在研究选题方面，青年思想引领、学习成长、就业、家庭、婚恋仍然是永恒的主题，但新兴青年群体及一些小众青年发展的问题也越来越受到学界的关注。总体而言，青年现象研究态势是积极的，但仍然存在一些问题值得我们去反思，有一些趋势值得我们去关注。

（一）青年现象研究的内在困境

首先，青年现象研究始终未能自成体系实现学科化。无论从过去的 10 年还是近三年研究范式看，社会学领域开展的青年现象研究始终是一枝独秀，但又不属于严格的社会学范畴，知名青年研究专家沈杰试图在这方面作出一些努力，他指出现代性的发生导致了青年的出现，处于后现代语境时又遭遇了青年概念的危机，如何重新求证青年应是处在重建之中的社会学责无旁贷的使命。而从其他跨学科的青年现象研究选题内容看，更多偏向于蹭热度和打擦边球，使得青年现象研究范式总体显得有些零散和点缀性。从理论进路看，将现象和问题僵硬地套在某一范式内明显有些“借壳上市”的意味，缺乏真正意义上的青年学方法论。

其次，与青年现象研究缺乏系统的方法论相对的另一个问题则是青年现象研究绝大多数为个别群体和现象的有限的分析，论文繁多但有影响力的著作却少之又少，近三年来具有一定影响力的仅有人民出版社于 2019 年推出的沈杰所著《青年世界的社会学洞见》，海豚出版社于 2020 年推出的田丰、林凯玄所著《岂不怀归：三和青年调查》。第一部聚焦青年学的构建，第二部则聚焦“三和青年”这一特殊群体的发展现状。广州共青团每年主编的《广州青年发展报告（蓝皮书）》（社科文献出版社出版）也一定程度上反映了广州青年发展的现象与问题。其他关于青年现象研究的著作总体少之又少，甚至在过去 10 年、20 年的相关著作都屈指可数，相对于其他学科理论的构建，这恰恰是青年现象研究的一个重要缺陷。

再次，青年现象研究尽管看起来一片欣欣向荣，但仔细梳理便会发现，近三年来绝大多数的研究成果都来源于高校教师和硕博士，而专注于青年现象研究的共青团领域团校、青年研究所反而有些弱化。即便是既有的成果也大多集中在《青年研究》《中国青年研究》《中国青年社会科学》《当代青年研究》和《青年探索》等核心期刊，难免让人觉得本身有限的作者群体有多少真正有意致力于青年现象研究，还是仅仅想在作者群体相对偏弱的青年现象研究领域蹭热度挣学分。

最后，则是青年现象研究缺乏对相关研究的评论和批判，目前作出相应探索的仅有极少数平台和作者，如《青年学报》2021 年第 2 期“阅读青年”栏目刊发的三篇文章对《岂不怀归：三和青年调查》中提到的叙事结构、方法与空间进行了评论乃至批判。这种尝试事实上对推动青年现象研究有重要的创新意义，可惜却难以持续。

（二）青年现象研究的未来趋势

首先，青年现象正在加速变化，青年现象研究也必然会从“被加速”转向“主动加速”。与哲学社会科学其他专业不同的是，青年现象研究没有更多时间让学者去沉淀，日新月异的新现象和新问题迫使青年现象研究必须打“闪电战”，而有限的青年专业研究平台并不能及时消化越来越多而快的青年现象研究成果。因此，报刊、新媒体平台将逐渐占据越来越重要的位置，如《光明日报》《中国青年报》《北京日报》《广州日报》等反应速度更快的纸媒及融媒体，已经将青年现象研究作为一个重要的方向在凝聚作者并广泛传播。同时，诸如“学术志”等一系列公众号也成为青年现象研究成果发布的重要平台，特别是一些专家个人的公众号也将成为青年现象研究重要观点交锋的呈现地。

其次，青年现象研究将更加关注小众群体和普遍现象。一方面是因为小众群体形成往往具有特殊的社会原因，如女性创业青年、青年背包客、单亲家庭中学生、海归青年、三和青年等，虽然人数不多，却能从一个侧面反映一个国家的政策全面性和科学性，反映一座城市的人文关怀和创新引领力，这种小众的反思显然具有广泛的意义，因此将广受学界关注。另一方面则是青年发展的普遍现象，因为其对青年群体广泛的影响力而不得不去关注和研究，如青年的“躺平”现象、饭圈现象、二胎生育争论现象等，既是青年现象，也可以说是整个社会的问题，关乎国家发展和命运的主题从来都是学者研究的重点。

再次，青年现象研究大有“回归马克思主义”的趋势。由于青年现象研究本质上是要做好青年思想引领研究，因此，用马克思主义指导青年现象研究必然也实质上成为青年现象研究旗帜鲜明的特色。习近平总书记在 2016 年 5 月 17 日的《在哲学社会科学工作座谈会上的讲话》中明确指出：

“着力构建中国特色哲学社会科学，在指导思想、学科体系、学术体系、话语体系等方面充分体现中国特色、中国风格、中国气派。”这个问题主要表现在研究范式而非研究议题上，无论开展何种青年现象研究，马克思主义理论范式显然是政治正确的。尽管有部分学者仍然在批评青年现象研究的理论自觉还做得不够，只有保持高度的理论自觉，才能归纳并发展中国特色的青年学理论。事实上，作为专注于青年工作的共青团，以及各高校马克思主义学院、党校、团校的专家群体已经开始将青年现象研究推向马克思主义理论范式，这与当下以社会学研究范式为主体的青年现象研究显然相悖，青年现象研究的“另一种可能”变得越来越可能。

最后，欲特别说明的是本文意图关注和解读2019—2021年中国青年现象研究，但事实上青年现象和青年问题是两个相互契入的概念，难免在列举相关研究成果时让人产生误解。同时，青年现象研究并非一个非常专属的研究范畴，在更加广泛的综合类期刊，特别是报纸、融媒体上或许还有更多相关研究成果，本文在这方面显然具有局限性，之所以选取近三年的研究成果进行解读，仅希望在加速的青年现象研究道路上提供更多方向的可能。

| 第三节 |

青春直面：共青团改革再出发：回顾、审视与前瞻

导　语

共青团改革是一项系统的复杂工程，它的实施缘于内在的发展动力和外在的冲击压力，共青团的社会政治功能要回归初心和理性，来源于党、政府、青年和市场的压力促使它加快改革的步伐。目前，共青团改革已经进入深水区，改革已经在回顾和反思之后“再出发”，在“十四五”规划对青年工作提出新要求的大背景下，重新审视国内主要代表性城市以及自主推进改革地方的举措，可以发现共青团改革存在干部选拔、干部进出、数据构建的改革悖论，必须从促进政治性与科学化的兼容，打破体制内外的壁垒，推动社会资源的整合等方面实现改革的创新突破。

一、改革驱动：内在动力和外在压力并存

改革不突破固有的藩篱，则改革终将成为一个伪命题。2016 年以来，共青团改革从试点到全面铺开，时间跨度虽然不长，但改革的力度无疑在不断加大，改革的内容也逐步走向深化，并在重新回顾、审视之后“再出发”。纵观推进共青团改革的主要城市做法，无论是试点还是自主推进都各具特色。通过对改革的实地调查，可以看到显性的改革成果，但更重要的是改革的实践折射了改革原初的压力和动力。

（一）内在动力：回归初心和理性

破解组织的内卷化是共青团改革的内在动力，简单而言就是共青团的功能应该回到责任田。团干部应该“回头看看”和“往前探探”，走到正常的、正确的发展轨道上来。内在的动力本质上就是对自身的几个质问。

共青团组织存在的初心是什么？毫无疑问，我们党、团的创建和发展均是从“五四”实践中走来，在革命年代中成熟，在社会发展中共进。中国共青团从 1922 年 5 月在广州正式成立至今，已有 100 年的光辉历程。在这 100 年的光辉岁月中，中国共青团很好地承担起自己的历史责任，很好地完成我党在各个历史时期交代的重任，更为各级党政机关、事业单位、人民团体、各类企业等输送了众多优秀的年轻干部和人才，是中国政治生态和社会生态中最为重要的机构之一。共青团组织自成立那一刻起，最直接的目的就是希望为青年、人民、国家发声，站在历史的洪流面前，共青团（时称“青年团”）以朝气蓬勃的姿态迎向革命浪潮，成为中国共产党坚实的后备力量。时至今日，共青团的初心依然是为人民服务，尤其是为青年服务，希望团结一切青年力量，为国家、社会发展贡献青春力量。这份初心决定了共青团员必须融入群众中，且在新的历史发展机遇下，共青团作为中国共产党的“新鲜血液”，政治性已成为其最鲜明的特征，这进一步强化了共青团的责任和义务。群团工作是我们党的一大创举、一大优势，从诞生之日起就带有改革创新的特质、与时俱进的基因。党团关系在不同的历史阶段有不同的特点。中国共产主义青年团作为中国共产党的得力助手和后备军，不仅是共产党联系青年群众的桥梁和纽带，也是动员群众参与革命和建设的重要力量。不过，党团之间的这种关系并非一开始就是如此，而是随着新民主主义革命形势的变化党团双方不断调整改善而逐渐形成的。大革命时期，中国共产党和中国共青团的关系，远非人们一般认知中的“领导”和“被领导”或者“核心”与“外围”等词所能简单概括。起始，两者间的从属关系并没有见诸正式文本，党和团的中央领导层甚至还有意避谈“领导”与“被领导”等词，团二大及中共三大之后，这种关系才演变为党对团“组织上指导与援助”，仍强调团组织上的独立性。随后，党与团中央又都颁布了若干文件和决议反复强调这种关系。抗日战争时期，共青团为各种形式的抗日救国会所取代，其作为一种此前意义上的青年组织已不复存在，但亦为团结广大青年奋勇抗战作出了积极的贡献。抗战胜利至新中国成立前，是中国青年团组织，当时称“中国新民主主义青年团”，也是党团关系从理论到实践上由重新确立到日趋完善的时期。共青团主动接受党对团组织的改造，号召全国各族青年建立抗日民族统一战线，为新民主主义革命胜利作出了突出贡献。在社会主义革命和建设时期，共青团通过团结教育青年坚定信念，发动青年参加新中国的建设，号召青年参加保家卫国的抗美援朝战争。改革开放新时期，共青团以“四化”为工作中心组织号召青年，以培育“四有”新人教育引导青年，以“青年梦”托起“中国梦”引领青年。共青团通过组织动员青年，创新工作方式方法，扩大党的青年群众基础，提升了党在青年中间的影响力，把青年时刻凝聚在党的周围为社会主义事业建功立业，形成了“党有号召，团有行动”的党团关系优良传统。共青团是党的得力助手，体现在共青团为党源源不断地输送优秀的新鲜血液，保证党领导的青年工作和青年运动不断继承创新。

由上述各历史阶段可以看出，不断适应时代环境、不断改革创新始终是共青团发展的主流和常态。在风云变幻的当下，当遇到路径选择的困境，当遇到时代所带来的种种问题，共青团更应该沉下心来，回顾历史，回味初心，才能回归理性，实现梦想，这也正是共青团为什么要改革，改革为什么要这么大力度的根本“心结”。

共青团组织当下作为产生了什么影响？当思想回归统一，再回过头来看当下共青团开展的项目和服务，在看似紧跟时代的创新行动中，不得不承认团中央批判的“四化”问题确实存在，远离群众生活的机关化，倾向于上层阶级的贵族化，搞搞活动形式的娱乐化，把自己当成领导干部的行政化等，在自认为正确的道路上，共青团组织逐渐在青年群体中弱化，在服务社会发展过程中缺位，许多群众乃至青少年都不知道共青团是什么，更别提共青团能够带来什么凝聚力。

这一切是否还可以转变？在危机时刻能够“照照镜子”“正正衣冠”，一起坐下来“出出汗，发发热”一直是共产党员的优秀传统，也是团员干部应该继承的传统。面对共青团发展遇到的现实危机，团中央通过调研实践，先试点再全面铺开的方式正是知道共青团可以通过改革回归本职工作，而从目前改革的进展和成果也可以看到，尽管困难依然存在，但改革的方向已经得到普遍认可。

（二）外在压力：突破瓶颈和困境

面对党和国家快速发展，面对社会环境和青年群体发生重大变化，共青团建设和工作也要与时俱进。党团发展会受到所处时代空间的政治结构以及党团组织自身力量与斗争目标和策略的影响。相对于内在的改革动力，外在的因素更多倾向于日益紧迫的压力，这些压力有客观存在也有主观实施，主要来自五个方面并相互交叉变化发展。

来自党的压力。共青团是党的助手和后备军，共青团的功能定位，以及根据功能定位所开展的工作必须符合党的要求，现实的共青团发展应将党的精神贯彻实施、贯彻到位，为党解决社会难题分忧。一些团员干部在走向党的各级岗位之后也出现一些明显的缺陷与不足，没能起到真正的助手和后备军的作用，随之而来在工作中的成长压力便日益严重起来。

来自政府的压力。共青团有责任在青少年领域去协助政府职能部门解决社会难题，创新社会举措，但在现实工作过程中，共青团与政府职能部门接触较少，应加强联系与合作，在关系社会民生的重大问题上应能互相取长补短，目前存在处理青年社会问题上成绩较少，共青团难以得到政府职能部门认可和支持的情况。

来自青年的压力。当代青年已有许多新变化、新特点，主要体现在青年群体结构分化愈加鲜明、新兴青年群体不断涌现。例如共青团广州市委员会开展的一项调查发现，青年原子化分布与“8 小时外”的再组织化、互联网渗透率近 100%、“Z 世代”青年兴趣趋同……单就共青团员队伍看，其社会结构已发生巨大变化：1957 年时，团员中工人占 37%，农民占 52%，学生占 11%；1978 年时，对应比例是 17%、53%、30%；到了 2019 年，对应比例是 19%、14%、67%。共青团作为以服务青年为主要宗旨的团体，团员干部不能深入基层，不能与青年群众“打成一片”，青年群体有诉求找不到解决途径，有难题找不到解决的方法，有目标却得不到强有力的支持，共青团组织尤其是基层的共青团组织无法更新青年工作的组织方式、对话方式，仅靠“自转”已无法满足青年需求，日益脱离青年，许多青年甚至不知道有共青团的存在，认为共青团没有存在的必要，这种现实和舆论的压力给共青团带来极大的紧迫感。

来自社会市场的压力。青年人有诉求，市场化的各类主体敏锐地触摸到青年人特点的商机，在青年成长培训、婚恋交友、消费娱乐等方方面面强势进入，这种市场化的平台固然能给青年人带来许多便捷，但随着相关市场的繁荣和发展，同时也夹杂着许多不利于青年发展、不利于社会和谐的因素，共青团也因为不能在各个服务领域占据优势地位，难以较好引导青年朝着正能量的方向发展。

二、改革实践：主体框架与地方特色结合

早在 1952 年，毛泽东同志在讨论共青团（时称“青年团”）工作时，提出“两个问题”：一是党委应如何领导共青团，二是共青团该如何开展工作。这始终是共青团需不断探索解答的问题，也是共青团改革中需遵循的问题导向。建团初期团的三大《组织问题决议案》:“团员在二十五岁以上者，应当酌量介绍其入党。”从制度机制上就确保了党团关系的良性互动，使得团为党输送优秀人才，也确保了党对青年工作和青年运动的领导。新的历史时期，要提升党的指导力，必然就要求我们善于体现时代性和先进性。要求我们善于根据新的时代特征，不断地完善制度，将各阶层的社会精英尽可能地吸纳进团的队伍；要求我们通过学习和实践，不断地提高马克思主义能力与水平；要求我们创造性地总结新时代团组织建设的基本经验和教训；要求我们不断地完善领导干部的年龄结构、地域结构、知识能力结构；要求我们党委派熟知共青团工作且富有激情与魅力的领导干部具体指导团各项工作的开展。一言以蔽之，新时期要大幅度地提升党对团的指导力，必然要求党的领导群体、指导思想、领导机制、工作内容、工作形式、工作方法等诸多方面皆与时代同进步共发展。这是我们维系和巩固新时期和谐党团关系的关键之所在。改革是手段，转型是关键。转型的方向在哪里，转型的路径如何选，共青团改革是一项巨大的复杂工程，全国各个城市既在团中央改革的大框架之中，同时又凸显了地方的发展特色。基于对部分代表性城市的调研，发现其具体的做法可以体现在以下方面。

（一）组织重塑

共青团改革的本质就是共青团自身角色定位的转变，从形而下的机构设置到形而上的共青团精气神，从对服务对象提要求到对自身工作方式的反思，从零碎片段的服务形式到项目化、专业化的服务要求，共青团正在进行一场源于内外压力的革命。从具体实践观察，主要在充当三重角色。

1. 数据构建者

随着信息网络快速发展，人类开始进入信息化大数据时代。人的基本衣食住行都呈现出新的特征，尤其以当今青年人最为突出，当今新媒体正蓬勃发展，随着社会的多元化发展，传统“填表格”的工作方式无法满足青年的服务需求，青年喜欢做什么，喜欢在什么时候做，喜欢做到什么时候等最基本的情况都难以掌握，更不可能将服务主动精准送上门，从而使共青团工作越来越脱离青年需求实际。要打破这种局限性，共青团开始充当数据的构建者，依靠互联网手段，构建本地青年数据库。如某市的 12355 服务系统至今已逐步发展成为全国性、综合性、全天候、一站式的服务平台，从咨询方式上看，其整合了线上线下咨询资源，多端口（手机 APP、微信小程序、PC 端）均可接入系统；从服务领域上看，心理咨询、亲子教育、法律咨询、职业发展、婚恋交友、课业辅导等均有涵盖；从资源整合上看，服务系统还具备发布公益项目、招募志愿者的功能，打造了从项目开端到终端的一体化服务流程。例如青年工作做得较好的一些城市，它们的网络团支部建设和智慧团建系统都是在青年数据上寻找突破，以期建立最基本的数据支撑，打造服务、凝聚青年的大数据平台或融媒体中心成为当前形势下其发展的新目标。

2. 政策倡导者

多元化发展的青年带来了青年多元化的需求，社会经济文化的创新发展带来青年发展的全新需求，但共青团传统的服务方式和方法无法满足青年的这些服务需求。因此，掌握有限资源的共青团开始转变成为政策的倡导者，纵向向团中央、省委、省政府要政策，横向向各级职能部门要支持，在各类政策制定过程中，尽量将“共青团元素”融入其中。2017 年，中共中央发布《中长期青年发展规划》，就是从战略高度看待青年发展事业，党委加强领导，政府、群团组织、社会等各方面协同施策，共同营造有利于青年发展的良好环境。

3. 行动引领者

政策的执行往往滞后于市场的需求即青年的需求，在改革过程中，共青团开始充当行动的引领者，敏锐观察社会发展潮流，创新服务手段，主要有三组关键词，一是“网络化”，二是“专业化、社会化”，三是“产品化、项目化”，目的是适应互联网时代特点和当代青少年需求，推动实现团的工作更加触手可及。如 Y 市专门成立了网上共青团建设工作小组，通过项目化的方式来引领工作方向。

（二）行动创新

1. 成为数据库：打造互联网思维

这一做法主要集中在发达城市，通过强化互联网思维，大力实施“网上共青团”工程，建设“青年之声”，推进“智慧团建”、电子团员证等改革，形成“互联网 + 共青团”的模式，以线上倒逼线下，更加主动地创新团的管理模式和运行机制，把团的各类工作和活动逐步纳入“青年之声”工作链条，使网络新媒体成为各级团组织推动工作的基础手段和常规渠道，实现对团员、团干部的直接动员和重要信息的扁平化传递。切实做好建网、用网、占网工作，建设团员管理系统，实现基础团务、团员管理和团的信息统计网络化。在省、市团委建立青少年网络新媒体工作指挥协调办公室，建立共青团“网军”的管理、培训和激励机制。组建共青团网络智库，加强对网络意见领袖的联系。建立网络舆情监测研判机制，加强青年网络文明志愿者队伍建设，增强网上舆论引导工作的主动性和针对性。搭建“青微工作室”等网上文化产品生产平台，举办各类青少年文化产品征集展示竞赛活动。优化团属媒体矩阵，推动团属传统媒体与新媒体融合发展。

还有一些内地城市共青团运用互联网思维关注青少年现实成长过程中遇到的困难和体现的需求，通过 12355 热线、“两微一端”渠道，推进“青年之声”建设向纵深发展。 将互联网、大数据等技术融入团务工作的改进方面，通过技术端口、平台的改进，推行“电子团员证”，实现在线缴纳团费、在线课程、在线组织生活等功能，方便团员们在网络上享受各种各样的便利，满足不同需求，让团组织的“触手”延伸到网络上。

此外，部分有特色的小城市同样大力推动了“网上共青团”“青年之声”的建设，通过部门整合，强化了内设机构对学校团建和非公有制经济组织、新社会组织等新兴领域团建的工作覆盖，通过积极打造“网络团支部”，形成网上网下相互促进、有机融合的共青团工作新格局，力求解决部分基层团组织工作薄弱和团的工作有效覆盖面不足、吸引力凝聚力不够的问题。其主要特色是在全市建立乡镇级别“网络团支部”。

2. 成为倡导者：纵横双向争取支持

在支持体系建设方面，大多数城市共青团通过由上而下完善、推进顶层设计的过程中推动共青团改革。通过政策文件来获取各区、街镇对于共青团改革的支持力量，例如要解决团干部尤其是团支部书记的待遇问题以及各类团组织活动基地建设等。同时，争取经科信委、发改委等职能部门的支持，发挥共青团在“网上共青团”、网络舆论斗争中的主力军、生力军作用，划拨经费大力推动团属媒体与新媒体、新技术融合发展，打造O2O的共青团工作新模式。

同时，为了保障资金支持，有些城市共青团推动制定《共青团改革财政资金保障方案》，以服务目标为导向，推动建立共青团和妇联组织的事业发展基金。该经费主要用于全市性服务平台搭建和市级重点示范性、创新型项目。即行政经费不会增加，但直接服务群众的经费将有很大幅度的增加。此外，还有一些基层团组织推动成立了共青团公益基金会，并联合工会、妇联等成立地方性公募基金，并向公众募捐，主要用于共青团公益活动开展、品牌打造，并用公开海选、现场路演的方式，让群众选择自己需要的服务项目。

值得关注的是，部分沿海大城市共青团将重心放在完善双重领导体制，建立健全重大事项向同级党委和上级团委按程序请示、报告制度，推动建立团省委与市委、团市委与县（区）委、团县（区）委与镇委的定期沟通交流机制，建立县级团委书记任免向团省委报备制度。推动省、市、县三级团委主要负责人进入同级党建工作领导小组，把团建纳入党建总体规划，争取党组织在思想建设、组织建设、干部队伍、阵地共享、工作保障等方面对团组织的支持带动。推动团建纳入党建的年度考核内容，将团建工作作为党组织书记党建工作述职评议考核内容，所占权重不少于5%，吸纳上级团组织负责人参加述职评议。推动党组织将“推优入党”纳入党员发展工作规划，明确共青团组织在“推优入党”中的定位并有效发挥作用。建议建立抓落实的督导机制，省委组织部、团省委组成联合督导组，每年对市级落实党建带团建工作的情况进行抽查，确保5年实现全覆盖。推动县一级建立相应的年度督导制度。制定省级中长期青年发展规划，推动各市、县和行业系统制定相应规划，推动将青年发展相关指标纳入省国民经济和社会发展整体规划。积极参与政府有关议事协调机构，健全与职能部门间的信息共享、定期会商、协调联动等工作制度。健全稳定规范的共青团工作经费保障制度，落实镇街团委每年不低于2万元工作经费。建立团工作经费合理增长机制，各级以辖区青少年数量为核定经费基础，根据共青团服务内容拓展、服务项目增加进行合理增长。推动适当增加县级团委人员编制和工作力量，确保乡镇街道团委至少有1名专职工作人员，探索购买公益性服务岗位。加强共青团和青少年工作学科建设，推动把共青团和青少年工作研究列入省哲学社会科学研究规划，把青年群众工作列入各类干部培训课程。

3. 成为行动家：往社会化方向发展

首先是人才选拔方面，许多大城市共青团实施以精干高效、不拘一格、五湖四海为导向的团干部选拔管理改革，不唯年龄、不唯学历、不唯职级选拔培养团的领导干部。建立机关干部挂职选派制度，打破年龄、学历、身份壁垒，突破体制内外限制向社会招募志愿者，按不少于核减的机关编制加强团的领导机关工作力量。按“减上补下”“补缺口、强一线”的原则，精简行政编制，下沉到青年工作任务较重的大口团工委、团工作力量相对薄弱的区县团组织和青年集聚的园区。如沿海某市团市委委员会来自基层一线的团员、团干部和青年的比例从原来的 51.7% 提高至 58.5%，常务委员会中来自基层一线的比例从 15.4% 提高至 42.1%。同时把工作对象从以往 149 万 28 周岁以下的团员扩展到约计 900 多万的 35 周岁以下的青少年，服务对象“扩容”以百万计。通过服务对象扩展，实现主要工作力量放在团员上，工作影响覆盖到全体青年。

为增强共青团组织的代表性和广泛性，部分城市已经对优化市和区县共青团组织常委会、全委会（执委会）、代表大会结构作了硬性规定，明确市和区县共青团组织常委、委员（执委）、代表中基层一线人员比例一般不低于 20%、40%、80%。针对共青团在服务青年方面不够深入基层、服务不接地气等问题，保障各级资源、重点和压力下沉，为基层团组织提供人员、场所和资金。一是整体统筹各区县的编制人员，尽可能地投入到基层队伍当中，并以专兼职、轮岗挂职以及岗位社工等形式充实队伍；二是统筹使用基层党群组织活动场所、公共（便民）服务中心、文化活动阵地，统筹使用工会、共青团、妇联活动中心，实现基层党政群资源的集合共享；三是建立共青团工作经费合理增长机制，健全共青团工作经费监督机制，支持共青团组织依法依规筹措发展资金。

还有一些沿海城市共青团根据法定程序和团的职能定位，探索承接政府促进青年就业创业、青年志愿者服务管理、青少年校外教育、青少年事务社工队伍建设、青年外事、港澳台青少年交流合作、预防青少年违法犯罪、青少年生态环保、救助困难青少年等社会治理服务职能，推动形成团组织承接政府职能的转移清单。推动有关青少年事务列入政府购买服务目录，探索建立相关服务平台，指导具备条件的团属青年组织和企事业单位作为承接主体参与和青少年有关的政府购买服务。指导各级团组织作为购买主体，将部分青少年事务通过委托、承包、采购等方式交给社会组织、社工等社会力量承担。加强青少年事务专业社会工作人才队伍建设，并建立青少年社会工作行业协会，完善相应的职称、薪酬、考核、奖励、保险等配套制度体系。探索建立青年社会组织公信力评价体系。发挥联系青年专业人才的优势，组建共青团智库，强化团校、团属研究中心（基地）建设。通过专职、挂职、兼职相结合方式配强研究力量，建立健全科研考评奖励制度，提升共青团和青少年工作研究水平。

（三）机构配套改革

在机构配套改革方面，总体趋势是构建小机关、大网络、强基层、全覆盖的共青团组织体系，做到怎么有利于服务群众就怎么设置机构，群众在哪里共青团组织就覆盖到哪里。如某市实施三条硬性举措：一是总体精简市级共青团机关及所属事业单位编制 20% 以上，充实到区县及其以下共青团组织；二是按照“大部制”设置内设机构，推进机关扁平化改革，总体上整合调减市级共青团机关内设机构 25% 以上，解决市级共青团机关内设机构职责交叉重复，直接联系服务群众不够等问题；三是改革调整所属事业单位，将与基本职责无关的职责任务和机构剥离移交，部分事业单位转制为企业。还有一些城市共青团按照“补缺口、强基层”的原则，精简机关和直属事业单位编制，减少机关领导职数、中层干部领导职数。并撤销原设置的一些不符合当下工作要求的部室，调减机关内设机构。新设立具有更好运营能力的部室。此外，大多数城市团委专门设立团校剥离学历教育职能专项改革工作组，具体负责市团校剥离学历教育职能、聚焦团干部教育培训主业的工作。

总体而言，共青团改革的方向比较明确。一方面建立健全项目化运作机制。从整合力量、提高效能出发，针对省委和团中央部署的重大任务、涉及多条战线的重要工作以及临时性重大活动项目等，打破部门限制，组建重点项目工作组，项目组成员可由专职、挂职、兼职团干部和团外相关专家、志愿者组成。建立健全项目管理和绩效考评机制，推动机关管理“扁平化”。另一方面整合优化机关职能和机构。梳理各部门的职能，廓清部门之间、机关与直属单位之间存在的职权交叠、边界模糊的内容，形成初步优化意见。最后，强化直属事业单位服务功能。按照适应时代、提质优效、壮大发展的思路，强化直属单位的公益性、服务性职能，对部分直属单位进行整合撤并。整合职能相近的团属企业，推动有条件的团属企业进行产权制度改革。

三、改革前瞻：冲破困境与创新突围并行

在共青团改革过程中，因为本地的发展实际以及具体推进方式方法的不同，难免遇到一些阻力和困境，基于调研和相关文献梳理，可以对这些困难进行总结分析，并提出改革创新的意见。

（一）改革困境

1. 干部选拔的悖论

创新干部选拔方式是共青团改革的一项关键举措，但细观改革的具体措施，以某市共青团为例，新上任的团委副书记虽然来自体制外，但都与共青团有着千丝万缕的关系，或担任企事业单位团委书记，或为社会组织中团属干部。从对共青团改革调研的访谈记录中可以看到，在推进干部选拔的过程中就已经充分考虑了选拔对象的政治性，客观上设置了选拔壁垒。另一方面，即便入选共青团委副书记，也不具备公务员或事业编制，身份依旧在体制外，从身份认同的角度始终无法真正融入共青团干部队伍。此外，这类体制外的团干部仅仅是每周参加团市委的工作例会，在重大问题上，可以提出自己的建议意见，但并没有决定权，影响力较小，难以真正发挥新鲜血液的创新作用。

2. 干部进与出的悖论

大多数城市共青团改革都得到了党政部门的大力支持，新鲜血液的加入，项目化的运作，一定程度上可以激发共青团的内部活力，但同时出现了另一个问题，改革本身的一个重要目的就是精简机构和人员，改革过程中有新的血液流入，却难以将“老团干”或能在更好的岗位发挥作用的团干部输出，由于相关职能部门本身比较完善，团干部相对年轻却职位不低，但对党政工作并不熟悉，很难找到合适的岗位实现转岗。而共青团改革的项目化运作又并不需要过多的团干部加入其中，导致工作力量分配不均衡，机构开展工作反而更加尾大不掉。

3. 大数据构建的悖论

“网上共青团”建设是共青团改革的重要项目之一，目的就是培养团干部的互联网思维，建立共青团服务青年的大数据库，诸如“青年之声”“网

络团支部”“智慧团建”等项目本质上都是想建立服务青年的菜单，通过大数据随时调取青年的需求，从而有的放矢开展相关项目和服务。但一个长期存在的问题是互联网思维是动态的思维，从现实发展状况看，党政等体制内部门建立的互联网平台往往滞后于市场化运作的互联网平台，如某地建立的智慧系统虽然在数年内连续升级了三个版本，但依然对青年没有足够的吸引力，主要还是依靠行政化的手段去推动青年的关注，这种大数据构建模式始终不能真正凝聚青年，更无法与京东网、当当网、腾讯网、新浪网等社会化网站匹敌，共青团改革的“网上共青团”建设同样面临这个问题。

（二）创新突围

1. 改革要实现政治性和科学化的兼容

作为中国共产党后备军而存在的中国共产主义青年团，其政治性始终是摆在自身发展改革首位的，不论从政治属性抑或历史地位来说，共青团要改革，要从自身内部由内而外地“焕然一新”，就必须先确保根本内核——政治性的首要地位。新时期我们必须与时俱进，根据新的时代特征及青年身心发展规律，赋予党、团组织训练工作以新的内容和形式，自觉地维护和巩固党、团良好的组织形象，为推动团发展提供组织保障。新时期我们必须在人、财、物等方面为党团间的组织联系、活动开展提供切实的保障，并要使这种保障成为一种制度，不因相关领导人的改变而改变。同时，我们也要以制度的形式确认、监督、评估党团组织联系的广度、密度、内容和方式。在改革的过程中，不能自我制定各类政策，而是要在改革总体布局内谋求团工作的突破，尤其是在干部选拔任命上，既要有“不拘一格降人才”的魄力和勇气，也要有“用人不疑，疑人不用”的精神，在任用新干部前细致考察，在任用新干部后则用人不疑，让“新鲜血液”可以顺畅流转于团组织的岗位上。对于新入职的团干部，要加强理想信念教育和大局意识培养，不仅要告诉他们“怎么干”，还要告诉他们“为了谁而干”“为什么干”，以及这个平台能够给自己、给社会带来什么样的效益。还要研究出“容错机制”“监督机制”，既鼓励他们敢闯敢干，又要接受来自党政部门、社会公众和广大青年的监督、审视和评判。

2. 改革要打破体制内与外的壁垒

一方面从体制内、外吸收优秀干部加入共青团，并推进轮岗锻炼、交流任职、基层锻炼等工作。通过多种工作方式，增加团工作的挑战性、趣

味性，激发团干部干事创业的热情和工作动力，使其对自身实际工作和共青团事业发展有更全面的认识，将个人发展融入共青团改革大潮当中。此外，还要加强团内制度体系和治理能力建设，以适应体制内外的变化。另一方面可以鼓励团干部走出“体制”，开阔视野，将眼光放到整个社会发展和变革当中去，发掘更多渠道和平台来展现自身的专业优势，到不同的事业单位、企业去体验不同行业、职业的工作特点。共青团可以制定一些团干部走出去创业的激励措施，给予充分的保障，解决团干部转岗的后顾之忧。

3. 改革要充分利用社会资源

当前共青团改革中普遍重视“网上共青团”建设，要求以更全面、更先进的互联网思维、大数据思维来改进工作方式，提升工作效率以及转变思路观念。通过大数据库的构建，整合青年的各项基础数据，乃至动态监测青年的发展变化。但这方面改革中凸显出体制内建设有点滞后、资源耗费过大的问题。建议转变思维，充分“借力”，探索同互联网行业内已发展成熟的公司进行资源整合或是战略合作。例如淘宝、京东可以抓取青年人购物的数据来进行青年消费行为分析；“饿了么”“美团外卖”可以提供青年人尤其是大城市青年、空巢青年的饮食、消费习惯方面的数据；新浪微博、豆瓣社区等社交平台则可以提供青年社交类的大数据信息给予政策参考；抖音、快手等新兴的短视频平台可以反映出很多二、三线城市青年和小镇青年的生活状况和情感诉求。同社会化网络平台合作的优势显而易见，既能节省开发成本，还可以提升项目的影响力，实现合作共赢；但风险亦明显存在，意识形态不正确、娱乐化大于功能性的问题需要关注，可以通过形成一套全周期的合作监督机制，来进行配套监督和跟踪服务，来提升资源从共青团到社会机构的运转流畅度和安全性。

总体而言，无论基于何种层次的共青团主体，改革都要注重“顶层设计”和“摸着石头过河”的过程，共青团改革通过试点再向全国推广的方式，有利于阶段性总结经验，避免出现大的方向性错误，但从全国的共青团改革实施来看，改革绝不是一朝一夕一蹴而就的事情，可以借鉴试点经验，也可以参考沿海发达城市的创新举措，但归根结底，改革还是要结合本地实际去开展，所谓殊途同归，“不管白猫黑猫，能抓到老鼠就是好猫”的道理在共青团改革中同样适用。

第四节

青春解说：社会治理视角：共青团组织职能解构研究述评

导　语

基于共青团组织的特殊地位和政治属性，其现实职能并不为大多数人所知悉，尽管有学者着眼于共青团主体的诞生与发展，从政治学、社会学、管理学等多个角度对群团组织职能进行了剖析，但这些剖析往往是单线条和片面的，缺乏系统性的梳理和完整的解构。如果从主体本身转移到作为主体与客体之间的行为过程，即以社会治理为切入点，关于共青团组织的职能可以梳理成四个板块：作为党群纽带的共青团、作为政社枢纽的共青团、作为社会服务主体的共青团和作为他维空间载体的共青团。基于这四个板块或可较完善地对共青团组织职能研究进行系统的梳理和诠释。

伴随群团改革的热潮，共青团鲜有地以一种政治形态突然映入公众视野。这种突然性在于近些年在社会、经济、政治、生态等方方面面的发展过程中，共青团并不是一个突出的角色，原因是其团体性质、职能定位在岁月更替中不知不觉被人遗忘，至少在走向“陌生化”。群团改革重新把共青团推上社会发展的潮头，并以反对“四化”为主线，用批判的精神来促进共青团改革。与此同时，关于共青团的职能解构也引起了业界的广泛关注。

通过对知网10年（2007—2017年）关于共青团研究的文献统计，

仅关于共青团组织的研究文章就有32617篇次，几乎每年都有2000篇次以上的相关研究文章，可谓百家齐放。但搜索“共青团职能”，相关的研究文章却仅有1000篇次，且许多年份研究文章都在20篇次以内。原因其实很简单，共青团的职能有明确的定义，这些定义并没有太大的研究空间，即便许多学者从政治学、社会学、管理学等学科出发对共青团的职能进行了解读，但这些解读往往是单线条和片面性的，零散于各个学科之中。但事实上，共青团和其他的政治主体、社会主体一样，随着环境的变化其职能也相应地在进行调整，如果说从共青团本身不能很好地解构它的职能的话，那么，可以尝试从它的行为过程去系统地观察，而以社会治理为视角，恰恰是观察共青团履行职能过程的一个很好的学术角度。

基于此，通过对已有共青团职能研究的归纳，可以从作为党群纽带的共青团、作为政社枢纽的共青团、作为社会服务主体的共青团，以及作为他维空间载体的共青团四个板块对共青团组织的职能进行解构分析。

一、作为党群纽带的共青团

共青团组织具有诸多区别于其他组织的特征，其中鲜明的阶级性与广泛的群众性以及高度的政治性最为凸显，也是其内涵的外延体现，由于其在共产党的领导之下，所以具备国家政权体系构建和社会团体组成的双重属性。这种属性将共青团从其他社会组织中又明显地剥离了出来，尽管这种剥离具有“藕断丝连”的特点，却也是包括工会、共青团和妇联等在内的组织与西方国家社会团体存在本质区别和显著不同的根本原因所在。因此，作为党和群众之间的桥梁纽带，这是多数共青团组织章程中所明确规定的，也得到了诸多学者的认同。丁红玉指出，在改革开放之前，共青团组织并不具有利益集团的性质，因为在那时，它们都是作为无产阶级专政的工具存在的，是无产阶级政党联系群众的纽带。所以这一时期，共青团组织与政府没有什么区别，人们常把共青团组织称为准政府，这时共青团组织与政府之间是依附的关系。因此，共青团组织是中国特有的政治现象，它尽管在社会团体范围之内，但在中国转型期的社会政治生活中所扮演的角色有其独特性。

政治团体往往被划到人民团体的序列，但依然具备比较成熟的组织形式，并拥有合法的政治地位。基于政治地位的角度去思考，这些团体地位在历史发展的长河中表现突出，毫无疑问，它们在非常广阔的领域代表着所属阶层、所归领域的利益并为之诉求，或直接或间接地影响着国家权力机关的决策活动。翻开《中华全国总工会章程》《中国共产主义共青团章程》和《中华全国妇女联合会章程》（以下简称“三个章程”），旗帜鲜明地在章程内容上规定了工会组织、共青团组织和妇联组织的基本性质，并对其职能有着鲜明的阐述。研究者也指出，“共青团特殊的政治地位表现在其隶属于中国共产党这一点上，因此共青团功能的发挥与整体中国政治制度的改革密切相关”。我国工、青、妇组织的性质有着共同的特点，主要表现在几个方面：一是在中国共产党领导下发展演化；二是担当中国共产党联系工人职工、青少年、妇女群众的纽带，扮演桥梁作用；三是充当着国家开展社会治理的重要载体。以共青团组织为例，最为权威的章程就是《中国共产主义青年团章程》，其内容明确规定，共青团组织要在党和青年之间充分发挥纽带和桥梁的功能，在政府推进青年工作中发挥主要作用，尽最大力量去维护青少年的利益，并借助党政职能部门开展社会工作来推动青年发展服务，“密切关注青年的工作和生活，做到团随时随地在身边，用心为青年开展服务，第一时间向党政部门反馈青年的动态、诉求和问题，保护和促进青少年的健康成长”。可见，共青团组织作为党联系群众的桥梁、纽带是职能定位。在王平、吕素香等人的论述中，大体将共青团作为党和青少年群众的桥梁、纽带，进一步细分为政治职能、（准）行政职能和社会职能。与此种观点相接近的，是归纳为政治职能、社会职能、共青团职能三项。

从社会治理理论的阐释出发，多数学者认为共青团组织应当最大程度发挥其天然的优势和特点，发挥好共青团等团体在青年中的天然优势，在社会管理方面创新举措，激发青年人的热情，促进经济增长、社会和谐发展，并在各领域的发展过程中做好联络、凝聚和疏解工作，引导民意向正能量方向发展，从而更好地协调各方利益，维护好群众的合法权益。罗贵榕关于共青团的特征和发展优势研究主要基于中国共青团组织与西方的主流民间团体的区别角度，他指出，共青团组织与党和政府有着密切关系，必然在工作中注重与政府的合作，在参与公共事务与社会事务时，将努力寻找其代表的群体利益与国家利益之间的结合点，这是我国共青团组织与只关注内部成员的整体利益或局部利益的西方民间社团的巨大区别，这也是我国共青团组织的特点与优势所在。

不管从官方的政策文件解读，还是从社会治理理论出发，把共青团组织看作党联系群众的桥梁和纽带的学者共同认为：共青团在发展的过程中始终坚持为群众发声，为青年谋利，为社会发展打先锋，这是其核心的职能。所以，伴随社会经济环境向纵深发展，各方利益的诉求也日益多元和交错，要做到准确把握群众发展愿景，有的放矢地提供服务，共青团组织在新时期如何通过自身的改革，适应越来越多元化的社会环境发展，为更多人民群众服务，从而赢得社会大众的认可和拥护，这是一个值得研究的问题。

二、作为政社枢纽的共青团

政社关系即政府与社会的关系，关于这一关系的发展和变迁，国内外各个学科学者已经做了大量的或理论思考或经验挖掘的研究。郁建兴将政府与社会的关系进行了阶段划分，而政府与社会的“二分法”，以及政府与社会的互动演变是具有代表性的两个阶段。上个世纪末，为了突破政府和社会的“二分法”切入视角，学界掀起了政府与社会积极互动的关系视角研究 。乔耀章认为，“30多年的改革开放历程使社会主义现代化进程跨入到一个崭新的阶段，在这个时代，关于社会管理的探讨不可能成为某一领域的专权，而应该是更多学科更多领域的合作探讨，要从以往的单打独斗转变为漂亮的组合拳打法”。这样一种社会发展趋势和背景，为共青团组织在政府与社会之间发挥纽带作用提供了契机。

中国特色的社会主义制度，在某种程度上影响到了政府的治理思路和行动。在计划经济时期，必须依靠强有力的中央政府对各个生产部门进行强势协调，从而为全社会生产出各类生活、生产所需要的物品。在这样的体制中，包括共青团组织在内的各个社会主体都以半行政化的特点嵌入到总体的社会治理格局中，统一听从党的指挥，并形成类似于机关化、行政化的组织特点。当前中国国家、市场与社会的关系，正处在向社会治理的发展过程中。由于社会治理是一个多元主体上下互动的管理过程，因此“基于形成体系的整个社会，如果国家和社会作为不同体，政府与市场明确划分，公共领域和私下领域的分界线进行调整，那么，相异的治理主体以及与之对应的客体对象，都会产生不同的作用”。以共青团研究为例，郑长忠等人通过长期地研究考察共青团的组织形态和职能变化，提出了共青团组织在社会治理中的作用表现在几个方面：一是共青团通过列清单的方式将目前主要的社会组织进行归类划分，并实施统一管理和引导，充分发挥同领域聚集效应和凝聚力，规避多头治理所衍生的无效性和负面性。二是共青团长期与社会组织共同发展成长，熟悉组织发展规律和遇到的难题，能够针对性地开展服务，其指导、管理以及服务会更加高效。三是共青团组织充分发挥枢纽作用，可以将社会的闲散资源聚集并共享，统一制定各行业社会组织的发展规划，培养各类社会组织的资源获取能力，并通过孵化基地培训提升社会组织综合能力。四是共青团组织发挥枢纽作用，可以将过去没有纳入管理范围内的社会组织纳入监管范围，使用法律的约束力、群众的监督力以及相关政策的作用去帮助各类社会组织成长壮大。

围绕“政府与社会之间的纽带”这个职能定位，研究者指出共青团组织主要体现出以下几个特点：首先，共青团组织一般是由党政部门发起成立的，为了更好地联系某一个群体，工作上直接对党政部门负责，具有较强的官方色彩；其次，从工作经费上看，共青团组织经费除了部分来自社会化筹集的经费以外，主要的活动经费都来自党政拨款；最后，共青团组织拥有比例较高的国家行政编制人员，人事关系及提拔调动都由党委组织部门负责或政府统一安排。正是由于以上特点，很多基于“小政府、大社会”的研究者呼吁应该对共青团组织进行改革，去除它的行政化色彩，给予其更加独立的地位，从而更好地作为党政联系群众的桥梁。然而，正是由于这种“半官方”性质的组织属性，使共青团组织拥有了普通社会组织所不能拥有的资源，这些资源使得共青团组织在社会治理中发挥作用有着很大的优势。

群体团组织作为参与社会治理的主体之一，充分发挥其在政府与社会之间的纽带作用，得到了学者们的重视。康晓光撰写的《转型时期的中国社团》清晰地勾勒了分步走的战略蓝图，第一阶段是政府占绝对主导权，采用国家合作主义的体制；第二阶段是政府占据相对的主导权，采用准国家合作主义的体制；第三阶段则过渡到民间团体与政府的平等对话与合作，本质就是社会合作主义体制，这也是终极目标。从某种意义上讲，共青团组织与国家体制上的制度化联结，以及共青团组织在政治体制中的作用也更增强了共青团组织的社会合法性。根据对实践的观察和学理上的分析，康晓光甚至进一步预言，共青团组织将在中国的社会转型过程中扮演着政府控制社会的“第二纵向沟通渠道”的重要角色，发挥其在政府和公众之间的媒介、渠道或桥梁的作用，起到国家与社会之间的“润滑剂”的作用。

三、作为社会服务主体的共青团

改革开放以来，中国政府从中央到地方都由过去的全能治理主体逐渐转变为各种治理秩序的维持者。政府通过积极转变发展理念和政府职能、积极在公共事务管理方面谋求治理模式的创新，同步推动体制的改革和制度的革新，逐步形成了多元化主体共同参与的社会治理格局。滕世华的系列论文，系统地论证了在公共治理体系中政府所扮演的角色、市场所发挥的作用，以及公民社会的地位和作用；并阐述了政府职能应该如何科学界定、发展公民社会的路径何在、第三部门如何优化、公共服务如何市场化等问题，以最终实现各个主体在公共治理体系中的功能和作用 。而另一个凸显的问题则是政府自身存在的弊端，王晓杰以政府的角色为切入点，指出“政府应该认清职能转变的必要性和紧迫性，政府的行为方式同样需要对应的变革，运行机制需要创新并迅速适应”。此外，政府的组织框架和人事制度等方面也属于重要的改革范畴。在公共物品由政府垄断提供的局面逐步被打破的过程中，共青团组织承接部分政府转移的职能，成为某个领域公共服务的提供者。共青团组织在新时期的社会治理格局中所体现出来的这个职能及作用，已受到越来越多学者的关注。

龚咏梅指出，“随着市场经济的发展，政治领域、文化领域和社会领域的变革，伴随着公民权利意识的复苏和公共领域的出现，全球公民社会的兴起，社会上开始形成各种社团组织。基于共青团组织的自主愿望和能力的提升，政府职能的转变，共青团组织与政府关系的依附关系开始松动”。以共青团研究为例，在新形势下除了联系和服务青少年以外，如何在新的社会治理格局中发挥作用，成为共青团的历史使命。动员、引导并有效组织多元的青年社会组织协调、有序地参与到社会建设浪潮和社会治理细节中去，这是各地共青团的一项重要工作和任务。围绕城市管理的中心工作，青少年在很多领域成为服务社会的主力。随着越来越多的年轻人在公益活动、志愿服务等方面的积极参与，维护社会的良好秩序已经离不开每一个青少年的积极贡献。广州共青团一项研究表明，新的时代背景下，共青团的一项不可忽视的功能是充分调动规模巨大的志愿者去参与社会治理和服务，并在这个过程中同步完成对年轻的公民关于社会治理的培训和教育服务。钱建平提出共青团在改革过程中要将社会职能作为核心和重点，并要坚决杜绝行政化所带来的弊端。在政府职能转变方面，学术界普遍关注到共青团的职能定位在当下变革的潮流中至关重要，且具有动态变化的特征，在论述共青团职能变迁中同样需要发展的眼光和角度。

陆士祯、杨名认为共青团属于执政党的青年组织，其政治属性具有显性特征，政府青年事务的职能非共青团莫属。而在海外国家和地区，青年事务一般由政府设立的青年工作部门承担，国内青年研究领域中则比较少使用青年事务这一范畴。青年公共事务关系到青年群体所有成员的发展，系青年事务的一个重要构成部分，其内涵包括基于青年的教育成长、工作和就业、日常生活和娱乐、家庭和谐和婚恋、政治参与和社会交往等诉求，并根据青年群体在发展中遇到的各种问题，由政府及相关的组织机构依据相关法律法规，按照制度运行规则，基于青年这个特殊成长阶段的群体进行教育、发展、监管和服务等环节中所有的综合服务内容。张康之指出："人与人之间能够促生合作关系，各方能够共同实现目标的过程中存在合作机制，这种合作不是简单地为了利益而合作，不是为了某一单一的互惠而合作，而是在互惠互利的系统中去开展合作，在合作之前没有必要去处心积虑利益所在，而是合作就必然产生互惠，即双方必然是共在的。"

由于社会治理是一个多元主体上下互动的管理过程，所以"站在社会的整体结构之上，基于国家和社会相分离、政府和市场进行明显的边界划分、公域与私域进行区域调整，让不同的治理主体和客体发挥各自不同的功能"。站在政府的结构定位，政府的功能与权限也在逐步地倾向于地方，也就是向地方政府下放权力，推动地方治理格局的形成，相关的社会服务工作则更多地打包给了共青团组织。我们可以去探讨这种变革的内在规律在哪里，很明显，市民社会和民间组织肯定会成为未来的主要力量，个体对自身的责任定位以及愿意承担什么样的社会后果自然成为社会发展的必经之要义，更加激烈的竞争将走进公共物品和公共服务产生的链条之间。国外的研究者通过对共青团干部团体的观察，强调共青团组织所选拔培养的青年干部必然具备敏锐的“改革”意识和担当，且对于改革开放的中国促进社会经济发展有着积极的态度和深入的想法，因此认为在中国政府进一步深化改革的过程中，共青团组织必然更多承接政府所转移出来的职能，承担起青少年公共服务提供者的角色，在社会治理中发挥不断强大的作用。

四、作为他维空间载体的共青团

他维空间是一个“杜撰”的概念，目前没有统一的概念标准，通常我们认为现实世界是一维空间，而除了现实世界，还有二维的网络世界，三维的平行世界，以及二次元、三次元等与现实世界相对应的世界。为了在论述上简单化，笔者把除了现实世界以外的所有世界称为他维世界，且从目前的认识来看，互联网是他维最重要的领域。

伴随以互联网世界为代表的他维空间对现实世界的挑战，尤其是以青年为主的群体纷纷涌入互联网世界，共青团不得不面对的一个职能延伸就是向互联网进军。所以，基于互联网世界的共青团工作研究也一时成为热门。张诗箭认为，“共青团在互联网世界必须建立八种思维，包括用户思维、简约思维、极致思维、迭代思维、流量思维、大数据思维、平台思维和跨界思维的用户思维”。在市场化领域，用户感受摆在非常重要的位置，共青团在履行职能的过程中，如果不切身考虑服务对象青年的感受，很可能导致服务的失败甚至产生负面效果。同时，服务产品要简约化，产品制作要精细化，且这些产品要随着社会的发展不断迭代更新以吸引青年，因为作为受众的青年具有流动性，所以还需建立大数据库，搭建服务平台，跨越不同行业、不同领域在社会治理的过程中去开展服务。张子涵则以互联网所建立的虚拟社会为切入点进行了大量的论述，认为共青团所开展的思想政治引领工作正在虚拟社会上演一场深刻的“对话”，并折射了现实活动的困境，共青团不仅要在网络世界与消极力量展开争夺，更要找到、认定积极的因素并与之形成合力。如何去构建属于共青团的思想舆论阵地，给传统的思想政治引领工作提出了严峻的挑战。江洪、魏宏纯则创新性地提出推动网络团建工作，认为互联网、自媒体等工作的优势已经势不可挡，只能主动进入，依照青年的类别与喜好打造网络团建平台，在网络空间重新打造青年基础，目标是实现团组织的“两个覆盖”传媒体系，从而实现影响“两个全体青年”，从网络的技术路线上做好党的助手和后备军。广州共青团在这方面做了先锋式的实践，以“互联网+”模式构建网络社会下的青少年工作体系，重点探索三个转变：一是共青团从“活动团”向“服务团”转变，二是从行政化组织动员青年向扁平化服务青年转变，三是从单一的线下管理向线上线下服务相结合转变。

黄志坚则提出，网络化是共青团实现功能更新的一个重要载体，灵活高效的互联网可以让共青团在参与社会治理的过程中更加科学化，提高效率，降低成本，将青年和共青团紧密联系起来。田瑜、李建峰则认为加强共青团的互联网服务力量关键在于智慧团建，通过优化网络环境，专业化网络平台，完善化青年信息库实现互联网教育服务。黎小慧则对“二次元”文化做了深刻的剖析，认为“二次元”文化已经成为中国青少年文化的一个重要组成部分，共青团应该去了解“二次元”的话语体系，以实现与“二次元”青年群体的正确对话，争取这一类越来越强大的群体的支持。

国外虽然没有共青团这一概念的存在，但对于通过网络来推动青年工作，完善社会治理体系同样非常重视。韩国政府为了确保传媒文化对青年引导的正面性，大力加强对传媒的审查和净化工作，并针对青少年发展特别设立了“传媒委员会”以及“综合有限传媒委员会”。美国则更为细化地建立了“二维世界维系工作组”，由一批强大的专家聚在一起专门研究社会群体，尤其是青年群体与非现实世界的接触，网络世界则是其中的重要分支，目的是通过收集网络世界的一手材料反过来通过网络引导群体按照某种方式去树立价值理念并付诸行动。日本同样是对网络文化特别重视的国家，更是“二次元”文化的发源地，针对青少年使用网络专门建立了网络世界行为准则，以避免青少年深陷其中不能自拔从而对自身和社会造成危害，虽然对于“二次元”文化等是开放包容的态度，但也建立了相对应的监督反馈机制，一旦有文化危机、社会危机爆发的可能性马上就会推出预警机制。英国、德国、意大利等国家同样有专门的网络部门或机构，一方面通过网络这一新的路径在寻找推动社会稳定发展的措施，另一方面也在预防虚拟世界与现实世界的冲突。可以说，来自他维世界的压力各个国家、地区都存在，关键是如何面对。

他维世界似乎与社会治理毫无关联，但如果深挖其背后的发展逻辑，可以从两个方面进行解读，如果他维世界是与现实世界平行的一套发展体系，那么，当人这个主体成为这个世界的一部分的时候，人就应该对其进行管理和完善，对网络社会进行治理。如果将他维世界纳入现实世界的一部分，那么它作为一个特殊的活动场景，必然也是社会治理的一部分。否则，因为网络生活冲击到正常的社会管理秩序，整个治理体系也会随之崩盘。共青团应该成为构建他维世界的一个载体，让青年群体能够在这个世界有序地生活，这也恰恰需要共青团去搭建网络平台，开展线上线下服务，“网上共青团”的建设已经成为一种必然选择。

五、结语

共青团有其核心的职能定位，因为它是现行政治体系的一个重要组成部分。但正如目前如火如荼推进的共青团改革一样，共青团的职能正在发生一些改变，至少在技术上正在发生改变，这也说明伴随环境的变化，共青团的某些功能或已产生些许不适应症状乃至个别负面表现。

研究者一直在寻找其中的症结，但或过于“敏感”或过于“遮掩”，在研究的技术路线上始终处于点到为止的水平。社会治理的视角无疑提供了一个可行的借鉴，无论是处于什么时间、地点、空间的共青团，只要从社会治理这个视角切入，既可以追溯其本身的职能，也可以探讨治理目标对象的问题，从而进一步完善共青团在政治发展体系、社会治理体系中的功能定位。当然，社会治理的视角并不能否定其他的研究视角，更不能绝对替代其他的视角，正如社会、经济、文化在发展变化，共青团也在发展变化，而关于它的研究也不可能一成不变。

| 第五节 |
青春话语：构建青年学的青年话语体系

导 语

尽管青年学在青年研究史中绕不开“存在问题”之争，但如果存在即为合理，青年学事实存在并在不断演变。然而，审视青年学在中国的发展，最本质的问题在于青年话语的缺失，具体表现在青年研究、青年工作中青年话语的缺失以及青年话语和政治话语的冲突三个维度。欲为中国青年学正名并推动其真正发展壮大，必须关注青年思想、青年文化、青年实践和青年精神四个基本要素。并通过确立马克思主义的指导思想，以青年实践为先导，立足于中国青年文化精神，寻求与多元学科的对话与融合来构建青年学的青年话语体系。

在哲学社会科学的话语体系里面，青年话语体系至关重要却常常被有意无意地忽略。习近平同志在全国哲学社会科学工作座谈会上强调，“构建中国特色哲学社会科学是一个系统工程，是一项极其繁重的任务，要加强顶层设计，统筹各方面力量协同推进”。不仅要让世界知道“舌尖上的中国”，更要让世界见证青年中国说。因为青年的话语一定程度上左右着一个国家话语的转变和方向，是国家内涵表达和文化传播的重要载体，所以，构建具有青年特色、代表青年诉求、表现青年叙事的青年话语体系，对于跨越传统的学术藩篱，确立中国青年学的话语权，推动青年学的学科确立和融合，推动青年学进入国际视野，在理论和实践中皆具重要的开辟意义。

事实上，青年学在话语体系中本身便存在一些方向性的争议，首先是青年学存不存在的问题，青年学何以可能；其次是青年学应不应该强化青年的话语；最后才是对如何构建青年学的青年话语体系作出回答。本文试图从这三个维度去做一些讨论。

一、青年学的存在问题之争

青年学是否存在？青年学是否作为一门学科存在？这个问题其实可以追溯到20世纪80年代，改革开放初期，由于青年群体在各个行业的凸显以及整个社会因青年引领的潮流而不断革新，喇叭裤、“大哥大”、流行金曲等风靡中国大江南北，党和政府以及社会各界对青年和青年问题就开始高度关注，青年研究在经历“文化大革命”后终于迎来了真正意义上的春天。在这个阶段，从事青年研究的学者力图将青年研究推向学科化，将青年工作推向专业化，他们特别重视当下青年的发展动态，研究方法也逐步从封闭式走向开放式。在这一历史转折的时期，开展青年研究的专业队伍开始成形，以共青团系统、党政院校、高校和社科院所为主的专家学者开始对青年研究进行探索，一些专业性的青年研究平台也逐步建立起来，专业性青年研究刊物如《青年研究》《中国青年研究》《青年探索》《当代青年研究》《中国青年政治学院学报》《青少年犯罪问题》等相继创办。以中国青少年研究中心及各地的青少年研究会、研究所为代表的研究机构也逐步创立。到了21世纪初，青年研究的团队和成果不断完善和充实，主要参与青年研究的学者力争在学科体系里面建立真正的青年学科，许多大型的学科论坛都单设了青年研究论坛，甚至出现有个别高校着手尝试了开设青年学专业，公开招聘青年学大学生。尤其是近20年，青年研究进入发展的黄金时期，习近平总书记特别指出，“要加强对五四运动以来中国青年运动的研究，深刻把握当代中国青年运动的发展规律，要阐明中国共产党和中国青年运动的关系”。青年研究在这一阶段成为各个学科专家学者关注的焦点，大量不同学科、多元研究方法的有关青年发展的学术成果如雨后春笋般呈现。但在青年学学科的广泛推广和落地上仍然处于“酝酿期”，关于青年学的学术争论也从未止息。

那么，青年学到底是交叉于其他学科，还是作为独立的学科发展？对这个问题的回答，取决于对青年学本质和功能的判断。如果认为青年学只是以年龄为界限划分，既然有青年学，便有儿童学、老年学、妇女学，甚至还可以再细化为女青年学、男青年学、国外青年学、港澳青年学等，这种划分显然有些牵强附会，不适宜将青年学独立出来，至少会引起一些不好的学术连锁反应。但青年学本质不是以年龄为界定的学科划分，作为青年学研究对象的青年，毫无疑问是推动社会发展最活跃的部分，在整个经济、文化、社会发展过程中充当“弄潮儿”的角色，历史证明，任何一个时代的开端，以及这个时代的结束，都是由这个时代的青年决定。青年群体不仅仅是年龄结构层面的群体，更是政治、社会、文化层面的群体，青年运动也不仅仅是年龄结构层面的运动，更是极具社会结构构建和解构影响力的社会活动。包括妇女、儿童、老年、少年在内的任何一个年龄构成、性别构成的群体都可以作为研究对象，但从对社会的政治制度、经济发展和文化传统的影响力来看，青年是特殊的，单从年龄层面予以学科的界定显然不科学。再者，青年学存在的功能从未局限于对青年现象的描述和解释，对青年的研究还需要为国家社会发展规划的制定提供参考。在这个角度看，青年学可以成为一门独立的学科，且具有广泛的学科意义。这就是青年学存在的合理性所在。

也有人提出，真正意义上的青年研究有学科之分吗？如果将青年研究作为一门独立的学科，是否会导致青年研究本身的萎缩和科学性的弱化？这种观点将青年学的独立性和交叉性对立了起来。其实，任何一门学科都不是绝对独立的学科，跨学科、交叉学科发展已经成为推动各个学科发展的大趋势。青年研究也不能例外，从研究之始，便一直都是各个学科的学者利用多元的研究方法在开展青年研究，青年社会学、青年政治学、青年文化学、青年心理学等，青年研究的问题不在于不够多元，而在于不够独立和专业。建立在青年研究的重要意义基础之上，长期交叉式的擦边球研究不足以支撑社会、经济、文化发展对青年研究提出的诉求。从这个意义上讲，青年学有亟须确立的必要。

二、青年话语的缺失

尽管青年学未能得到真正意义上的正名，但青年学存在并在不断发展却是事实。抛开青年学的存在问题之争，我们更应该讨论的是青年学构建过程中凸显的青年话语缺失问题，这种缺失有着可追溯根源的表现。

（一）青年研究中的青年话语缺失

青年研究大多偏向于实证研究，较少思辨分析。当然，青年研究的文献以及专业的理论因为起步较晚其本身就相对匮乏。青年研究还因为研究团队的“杂牌”而表现出研究方法的多元，各个学科与青年能够打个擦边球，便可以用一套理论系统将青年的某种现象囊括起来，显得既有青年特色，又有学术价值。但是，正因为这种研究的多元，才更加凸显了青年研究偏向于形式和忽略了灵魂，即花哨的外衣之下并没有真正立足于青年本体。而少数的思辨研究也大多有闭门造车之嫌，难以真正零距离接触青年，实事求是地解读青年，有的放矢地解决青年问题。

具体而言，青年研究缺少青年话语表现在几个层面：其一，青年研究者本身并非研究青年的专业群体，目前，归属社会学、教育学专业的学者相对较多关注青年群体，也有文学、政治学、新闻传播、思政等诸多专业的学者参与其中，研究团队看似日益壮大，但也表现出日益“杂牌”，大多数学者只是在开展本专业研究过程中，顺便搭一程“青年研究”的便车，本身并不对青年群体有浓厚的兴趣和研究基础，由此导致其所表达的青年话语苍白而乏力。其二，青年研究始终未成体系，由于大多数参与青年研究的学者都属于跟风式研究，出现什么火爆的青年现象就开展什么内容的研究，导致研究的内容点多、线乱、面偏，特别是共青团研究已经形成散点式、碎片化格局。同时，不同的研究方法对同一群体的研究本可呈现百花齐放的景象，但因为缺乏青年研究主流的学者和主流的方法，反而显得“青年”这个主题被冲散，青年的话语并没有得到应有的“争鸣”。其三，青年研究在既有的研究体系里面，对青年问题的探讨必须遵守现有的学术规范，问题的表达必须符合当下的主流价值，从而使研究者在推出具体研究成果时会对青年的话语做一些技术处理，导致青年话语的表达不完整或出现失真现象。

（二）青年工作中的青年话语缺失

目前，中国开展青年工作的主体部门为共青团，也有人社、教育、妇联等党政部门、社会团体、高校群体因所服务的群体包括青年而有所介入，但只有共青团是专门服务青年群体的部门。事实上，共青团所开展的青年工作近年来一直备受诟病，“四化”问题的提出便是党中央对共青团工作方法所凸显问题的针砭，推进共青团改革也正是要求共青团要在开展青年工作中真正为青年群体做正确表达，将青年服务落到实处。

青年工作缺乏青年话语的具体表现同样可以归纳为几个层面：其一，青年工作的顶层设计与基层实施效果相差甚远，党中央对共青团的职能定位非常清晰，引领和服务广大青年是其核心灵魂，《中长期青年发展规划（2016—2025 年）》便是对共青团推进青年服务工作制定的纲领性文件，但这种顶层纲领性的设计却并不能在基层团组织得以有效的贯彻，一方面是因为基层团组织力量薄弱，根本无法按要求落实；另一方面则是因为各地问题迥异，在解决具体问题时，顶层设计的方向和内容难以落地，青年的诉求自然得不到有效的回应。其二，青年工作的开展仍然存在“四化”的问题，相当一部分团干部更乐于坐在办公室，以文件落实文件的方式开展工作，用会议传达会议的形式落实精神，既开不动脑，更迈不开腿，长期在机关不接触基层，不了解基础真实的情况，也就无法了解青年群体的真正诉求。同时，共青团开展青年工作更偏向于“贵族青年”，如和企业家打交道、和精英阶层互动更有动力，即便是开展服务青年的活动也偏向于娱乐化。这些问题都导致了青年话语在青年工作中无法较好地体现。其三，青年工作缺乏持续性的问题突出，共青团在开展青年工作时往往根据所属党政部门的关注点开展相关服务，或者根据媒体热点策划相关服务项目，这些项目和活动往往会因为关注点的变化和热点的消逝而逐渐失去活力而消亡，并由此进入下一轮的热点，从而导致被服务的青年群体没有获得感甚至出现一些反感，青年的话语更是难以得到重视和持续关注。

（三）青年话语与政治话语体系的冲突

任何话语体系之间都会有冲突和融合的部分，这在学理层面和现实层面都可以被理解和接受。但青年话语和政治话语两个体系比较特殊，政治话语体系如一湖春水，其需要稳定和温和，看起来是一幅美景。青年话语体系如一条溪水，又或者变成一条奔腾大河，其可能带来洪水改变湖水的生态，也可能引导湖水奔向更加广阔的大海。青年话语体系和政治话语体系本质上趋于一致，但在具体的过程中却表现出诸多的冲突，且这是一个从思想观念向现实转换所必然经历的复杂的互动过程。

从青年话语的表现看，青年群体往往是引领一个时代变革和突破的

中坚力量，其一，在思想上容易质疑和打破其所处时代的主流价值，这就会给既有的政治体系带来挑战，政治话语很容易反过来对青年话语进行引导和规范。其二，在青年运动中容易冲击既有的社会秩序，青年群体更加容易对既有秩序不满并提出要求，在这个过程中，青年群体会通过各种形式和渠道进行呼吁和表达，这种表达或许并不与既有的政治理念冲突，但青年群体的诉求往往比较急、过于激进，从而使青年话语和政治话语之间的冲突加剧。其三，在于青年话语的易变性，各类青年群体的诉求不一，难以形成统一的意见和一致的行动，同一个青年群体还可能因为环境的变化而不断更新自身的诉求，从而使青年话语不稳定且难以较好地得到满足。最后，青年群体易于接受新鲜事物，历来比较容易受到西方国家政治势力的影响，一旦有外来力量介入青年运动，国家力量便会强力介入，青年的诉求反而难以得到满足，青年话语和政治话语体系的冲突会因此一定程度加剧。

总体而言，青年话语的缺失有着历史、社会、政治等多方面的影响因素，从青年学的发展角度看，青年话语决定着青年学的立与破，如何认识青年话语的要素以及如何推动和确立青年话语体系至关重要。

三、青年学的青年话语体系要素

构建青年学首先需要构建青年话语体系，构建青年话语体系需要关注其核心要素：青年思想、青年文化、青年实践及青年精神。

（一）青年思想

历史上的任何时代，青年某种思想的萌芽、诞生和繁荣必然引领其所处的时代朝着某个方向迅猛发展。而这种思想是怎么萌芽和诞生的，会朝着什么方向发展则是青年学应该重点研究的问题。而至于当下，我们所面临的问题恰恰是还没有形成“正统的”青年学，即便部分学者开展青年研究也是不成系统和不持续的，更加没有上升到青年关乎国家命运的高度。而作为开展青年工作的共青团组织，基本上将调查研究的重点放在党政工作，而不是青年工作。虽然党政工作的重点之一包括青年工作，但这种偏向性却是有很大区别的，没有直接关注青年，没有融入青年，尤其是在机关化、娱乐化、贵族化、官僚化等问题比较突出的背景下，青年思想在很大程度上被忽略了。

青年思想是青年群体不同于其他群体的根本所在，具有活跃性、变化性、群体性以及破坏性等鲜明特征。任何一项青年研究都离不开对青年思想的关注，任何一项青年工作的开展、青年政策的制定实施都不能抛开青年思想。因此，青年话语表达的核心要素也在于青年思想的表达。事实上，一个群体的思想观念其实是个复杂的范畴，因为任何群体虽有一些共性特征，但内部总会存在着差异。因此，对当代青年群体思想的认识及表达，既要看到他们的独特之处，更重要的是要把握这个群体思想动向的总体状况。体现在青年学研究上则要求对方法论的严苛要求，不能以偏概全，更不能以假当真，同时需要对青年群体进行尽可能细化的分层分类研究，如新兴青年群体伴随社会发展而衍生，这一群体的思想具有特殊性，虽然不能脱离整体的青年发展状况，但如果不能针对性地开展研究，则会导致新兴青年群体表达的失语。

（二）青年文化

当代中国，“青年文化”永远是热点所在。尽管在相当多的时候，与其说它们是由年轻群体的认知、集体行动和文化态度所命名的产物，不如说是媒体和资本携手制造、支配和宣传的结果。当走马灯式的青年文化“你方唱罢我登场”时，它们在多大程度上由青年自己创造和定义，反映出年轻人对这个社会的基本态度，且呈现出流动性、多变性、混杂性特征。尤其是作为青年研究的重要构成部分，青年文化的重要性似乎并没有得到足够的重视，研究的对象往往聚焦在突然发生的某种青年群体现象，如青年“丧文化”“佛系青年”“抖音文化”等，这些研究多半倾向于追捧社会热点吸引眼球，而并没有真正地将青年文化作为一项需要持久观察和研究的领域对待，只有少数学者如马中红、田丰等通过与腾讯、网易等对青年文化有迫切了解需求的互联网企业合作开展青年文化研究，而作为研究主体的高校和科研机构则未能将青年文化研究构建成体系，更未能形成青年文化的学科建设，青年学的发展在青年文化领域是滞后的、有所缺失的，青年文化是青年学所构建青年话语体系的灵魂部分。

文化是一个国家青年发展的基础和指向标，其渗透到青年生活的方方面面，塑造了一个国家特有的青年文化性格或青年特质。青年学的框架和内容都根植于文化基础之中。它渗透到社会生活的方方面面，塑造了一个民族特有的“社会文化性格”或“文化特质”。中国的青年工作、青年实践，都植根于中国文化的基础。青年文化所表达的内容是多元的，本质上折射的是青年所处的时代给青年群体带来的希望与困惑、追求与抛却。青年文化是现象的，也是思想深处的，是阶段性的，也是连续性的，是历史的，也是当下的和未来的。青年文化的表达是对青年群体思想表达的进一步具象化，青年文化不仅对青年群体发展影响巨大，更对整个社会经济、政治、文化等方方面面产生着举足轻重的作用，其会通过社会发展的经脉影响到个体和事件，没有青年文化的青年表达是空洞和乏力的，青年学的青年话语体系构建需要以青年文化为基础，需要以青年文化为向导。

（三）青年实践

青年学不只是属于青年的青年学，也不是中国青年政策和相关制度措施的汇编，而是蕴含青年思想文化和青年运动实践的青年学。对青年真正具有引导力的思想，必然藏于中国的文化和社会之中，青年学最终要表达的落脚点也必然在于青年实践。长期以来，我们缺少对青年实践的科学观察，为什么会产生某类青年？青年为什么热衷于某种活动？某种青年运动将会给这个时代带来什么？没有深入地调研观察，没有持续地去研究比较，我们发现的、研究出的结论多半只能停留在表面，而不能将青年实践的本质剥离出来。也有许多学者喜欢将西方的理论学术话语奉为圭臬，认为西方的理论更具先进性和普适性，喜欢用西方的理论框架给中国的青年实践找问题、找理由、找方向，这本身便是一种脱离青年实践的话语表达。

青年实践需要纳入青年学学科的一个大的子科目，甚至可以作为青年学中的一个独立板块，青年在做什么，他们是怎么做的，他们为什么要这样做，以及会带来什么后果都需要构建一种常态的观察数据，研究者可以随时掌握青年实践的动态，并作出动态的数据分析和结果预测，党政部门可以对青年实践的数据进行监测，从而制定出有针对性的青年政策，开展令人喜闻乐见的青年工作，提供精准有效的青年服务。青年群体在运动和实践的过程中所呈现的青年发展特征正是青年话语的表达，于青年学和青年工作的推进而言必不可少。

（四）青年精神

一百多年前爆发的五四运动是中国近现代史上具有划时代意义的重大事件，它孕育的以“爱国、进步、民主、科学”为主要内容的“五四”精神，是中华民族宝贵的精神财富，是新时代中国青年为实现中华民族伟大复兴奋斗的精神力量，这种精神是一百多年前青年话语表达的核心精髓。一百多年后的今天，当代青年精神同样影响着新时代进程的速度与效率，当代青年话语表达同样离不开当代青年精神。习近平总书记指出：“新时代中国青年的使命，就是坚持中国共产党领导，同人民一道，为实现‘两个一百年’奋斗目标、实现中华民族伟大复兴的中国梦而奋斗。”青年学的青年话语体系如果没有青年的精气神，则其话语必然是虚弱无力的，也难以有力表达青年的需求和贡献。

青年学的青年话语体系所蕴含的青年精神应该包括几个维度：爱国主义是青年话语的重要基石。爱国主义在“五四”时期的鲜明特征是救亡图存，挽救民族危亡。在新中国成立后表现为献身社会主义现代化建设，在改革开放后表现为锐意进取推动经济快速发展。而进入新时代，爱国主义的内涵表现得更为丰富，鼓励青年坚定“四个自信”，树立民族自豪感，为中华民族伟大复兴奉献青春力量。民主科学是青年话语的价值精髓。民主科学在“五四”时期的内涵表现在推翻“三座大山”，反对封建主义，建立符合中国实际的民主社会。新中国成立后的内涵表现为确立人民民主专政和现代科学发展观。到改革开放后，民主科学更多体现为完善社会法治体系，确立更加合理的社会结构。到新时代，民主科学的内涵在于推动国家治理体系的优化和完善，推动多元的社会治理力量的全面参与和实践。改革创新是青年话语的时代属性。“五四”时期，改革创新的落脚点在于整个国家社会制度和体系的重构，创新国家体制。新中国成立后在于改革落后的国家管理制度，推动社会主义经济、社会、文化全面发展。改革开放后则重点在于以经济建设为中心，推动社会全面创新发展。进入新时代，改革创新更多体现在大力推动创新创业，全力打造创新型国家和社会，实现中华民族伟大复兴的中国梦，为构建人类命运共同体而奋斗的丰富内涵。

四、构建青年学话语体系的策略

青年学的青年话语体系构建是一个复杂的、持续性的学科成熟化过程，在这个过程中需要把握一些基本的策略，确立青年学发展的主导思想，寻求学科间的合作，推动青年学创新设计与实践，并立足中国本土文化内涵和青年精神进行积极的探索。

（一）确立马克思主义的指导思想

青年学在漫长的摸索阶段始终未确立其主导思想，学者多半根据所从事的专业学科来主导青年研究的方向。尤其是因为社会学学者参与度较高，近年来一度将青年学与青年社会学等同起来，将社会学的相关理论加盖于青年学研究之顶，这种学术取向具有明显的片面性。更值得注意的是，青年学研究也一度归于共青团的政治体系，从而过度的政治化，把青年学研究变成了共青团工作要求，失去了作为一门学科的本真。

基于互联网时代频繁出现的指导思想多元化和相对主义理论盛行，习近平在《在哲学社会科学工作座谈会上的讲话》中明确指出："如何巩固马克思主义在意识形态领域的指导地位，培育和践行社会主义核心价值观，巩固全党全国各族人民团结奋斗的共同思想基础，迫切需要哲学社会科学更好发挥作用。"进入新时代，构建青年学的话语体系关键是要把马克思主义人的全面发展思想与中国现阶段的青年发展和研究实践相结合，建立真正的青年学学科体系。恩格斯指出："马克思的整个世界观不是教条，而是方法，它提供的不是现成的教条，而是进一步研究的出发点和供这种研究使用的方法。"在青年学研究中，我们不能局限于马克思主义经典作家的言论和观点，要把马克思主义放到方法论层面。如对于当代青年的发展需求，马克思不可能为我们提供现成答案，但马克思主义从历史、社会的视角考察人的发展，无疑为我们开展青年研究提供了方法论。马克思主义实事求是的方法、历史与逻辑统一的方法，都是青年学研究的方法论。青年学以马克思主义为指导，更多的是以马克思主义的立场、观点和方法分析、研究青年发展中的实际问题，总结青年工作的经验，找出推动中国青年发展、社会发展最有效的路径。

（二）明确以青年实践为先导的模式

青年研究需要青年“在场”。胡献忠指出:“在青年研究中青年‘不在场’由来已久，个中原因在于对青年历史缺乏系统梳理研究，对青年现实缺乏准确把握，青年整体性研究的缺失以及学术批评长期被轻忽。从学科建设的规律来看，青年学科建构的关键是构建学术知识体系，达成‘青年在场’理论研究范式的共识，坚持‘沉浸青年现场’的研究方法论，倡导‘青年立场’的青年学科构建理念。”“不在场”反映出问题的本质正是缺乏青年的实践，在构建青年学的青年话语体系过程中我们必须解决三个问题：一是确定研究的对象是事实的青年，而不是想象的青年，研究的问题是青年问题，而不是脱离青年实际的问题。二是青年研究不是在书房，而是在青年实践的现场。三是青年研究需要创新方法论，只有适应青年发展节奏的青年学体系才能够及时有效地把握青年发展中产生的问题。

所以，青年学的青年话语体系构建更加需要青年的实践，离开青年本身，仅仅在理论上纸上谈兵，这种探索根本不可能构建青年话语体系，充其量不过是在其他学科上加上青年的注脚。青年学失去青年实践，没有创新设计，就不可能真正反映青年问题，解决青年诉求，也不可能构建符合时代需求的青年学。研究者只有真正融入青年，围绕中国青年发展实际开展青年研究，才能找准青年学的生长点，使青年研究具有旺盛的生命力。但是，青年学需要创新设计和青年实践，并不等于青年实践就是青年学。青年在场、青年实践只是青年学的必要条件，还需要对在场的细节进行深刻的描述和细致的分析，还需要用科学的方法论将实践逻辑转化为理论逻辑，上升到严谨的学科高度。

（三）立足于中国青年文化精神

构建青年学的青年话语体系，不仅要关注青年问题和需求，推动青年成长发展，更要重视青年文化的培育和传承，紧紧抓住青年学的根和魂。没有文化底蕴的青年学，归根结底是伪青年学，是不可能走向长远的青年学。青年学最为忌讳的便是“关在屋子里的青年学”和“想象中的青年学”，还有的学者甚至缘木求鱼，用青年现象解释青年现象，甚至将外来文化作为根本来探讨中国青年发展的实际，而忽略了属于中国青年自身的文化和精神。

中国青年精神有着丰富的内涵和深厚的传统，尤其是五四运动以来，青年群体在国家发展进程中充当着越来越重要的角色，青年人所蕴含和表达的精神不断丰富化并走向实践。但青年研究学者对青年文化和青年精神知之不深，甚至一味追逐西方青年文化、日韩青年文化，无视属于中国青年的文化精神。青年学人必须以立足于青年的态度，改变对青年精神的认识。2019 年 4 月，习近平在中共中央政治局第十四次集体学习时强调："要加强对五四运动历史意义的研究，深刻揭示五四运动对当代中国发展进步的深远影响。要加强对五四运动以来中国青年运动的研究，深刻把握当代中国青年运动的发展规律。要加强对五四运动史料和文物收集、整理、保护，为后人继承和发扬'五四'精神留下历史记忆。"简而言之，就是构建青年学话语体系，要立足于青年文化与青年精神。一方面是要充分了解和熟悉青年文化底蕴，弄清楚青年文化背后的演绎逻辑，沿着文化轨迹去开展对青年群体、青年现象和青年问题的调查研究，才能准确标注出青年话语，才有底气说出青年学所构建的青年话语体系能真正为青年发声、为青年研究定位。另一方面是要走到当代青年精神的俯视角度、侧视角度、显微角度去叙事，解读当代青年精神的内核、内涵和外延，为当代青年群体的精神面貌增添注脚，在此过程中逐步树立起青年话语体系，旗帜鲜明地阐明当代青年需要什么、发展为了什么、为了什么发展的问题。

（四）寻求与多元学科的对话与融合

青年学可以成为一门独立的学科，但绝不是独立于各学科之外的学科。青年学的青年话语体系要立足于青年的话语，但绝不是局限于青年的话语。回顾青年学走过的艰辛历程，就青年谈青年没有强大的生命力，以其他学科理论来"套取"青年研究的结论也只能是昙花一现。青年学在中国的发展需要在立足青年学本真的基础上兼收并蓄，才能实现青年话语的百花齐放。

正如黄志坚教授提出的"青年学研究要加强，青年学学科建设要有新发展，最需要的即是在'博'和'融'上下功夫，所谓博，即广泛吸收、综合运用多学科理论知识；融，即融会贯通地形成有内在联系的学术体系"，青年学研究和青年话语体系的构建，要寻求与他学科的对话和融合。因为当前青年群体所呈现出的现象、问题和文化特质都比以往更加复杂、多变，政治学、社会学、教育学、经济学等多学科的视角均可提供新的思路给青年学研究工作。加强青年学与不同学科之间的融合，如青年政治学关注青年的政治参与、政治意识表达、政治心理的演绎等意识形态问题研究；青年社会学将视角投注到青年的社会参与和融入、社会活动等方面；青年教育学重点解决青年发展、青年成长成才的问题；青年劳动经济学则关注青年的就业创业、劳动保障等问题。具体实施路径一是达成学科之间的共识，让不同学科之间达成对青年学学科合理性的认可，构建专门的青年学话语来研究青年生理、心理、教育、职业、权益、信仰、婚恋等内容，同时密切关注西方国家青年研究的方向和流派，借鉴有益于中国青年研究的前沿理论，思考西方青年思潮和群体运动，为中国青年研究提供比较实践蓝本，为中国青年话语体系提供科学预测和青年工作准备。

第二章

中国青年政策扩散与评价

第一节
青年政治心理、政治行为与青年政策的逻辑实证

导 语

当前，中国的一些青年的政治心理处于浮躁状态，政治行为趋于活跃，更多表现在网络行为的活跃。由此，与之对应的国家和地方青年政策相继出台，但青年政策所带来的具体效应是否积极仍需检验，且这种检验的过程往往滞后于国家政治诉求。研究发现：青年政治心理严重影响政治行为，青年政治行为催生青年政策发布，但一些青年政策对青年政治心理产生负面作用，未达到促使青年政治行为理性化的预期效果。同时，自上而下的青年政策存在顶层设计与基层实施“传达异化”的问题。

一、研究假设

在中国的政治、经济、社会、文化生态发展的逻辑链条里面，青年是最具活跃性的影响因子之一，青年的政治取向、经济行为、社会偏好、文化认可度等无一不对整个国家发展产生深远的影响，尤其是伴随互联网时代的发展，青年群体的影响力与日俱增，国家重视对青年的教育和引导，青年群体是中国特色社会主义事业建设的主力军与中坚力量，青年群体政治价值观心理认同直接影响我国社会未来的发展方向与价值观取向。在今天这个大时代，重视青年政治价值观心理认同，要着力关照青年的生活世界与精神世界，以社会主义政治价值共识为基础，通过全

方位理论阐释、社会实践推进整体良好政治生态环境营造。在中国社会所处的复合性时空以及中国青年所呈现的世代分化背景下，共青团在青年政策的推动和实施中发挥主导作用。浙江、上海、广州、重庆等省市也纷纷制定基于本地实际的青年发展规划，希望在青年工作领域能够真正赢得青年的未来。

然而，在当下市场经济大潮涌动之际，社会面临着复合性的转型升级，这种不可逆的大趋势，让身处其中的青年也随之共振，并接受着时代巨变的洗礼，青年的政治心理有趋于“脱离中心”轨道的情况，青年的政治行为表现得那么“不理性”，青年政策的发布能否产生足够积极的作用尚需时间的验证。在对青年的管理和引导过程中，共青团的作用日益式微，共青团改革的实施在一定程度上改善了青年工作，但千尺之冰并非一日即可融化。那么，在青年发展的整个逻辑链条中，青年政治心理处于何种状态？青年政治行为有什么可归纳的特征？青年政策应该具备什么特质？三者之间又是一种什么样的逻辑关系？我们可以在这里做一个假设：路线一，在大环境背景下，青年政治心理影响青年政治行为，青年政治行为催生了青年政策的诞生。路线二，在大环境背景下，青年政策影响青年政治行为和青年政治心理。路线三，青年政治心理、青年政治行为和青年政策在大环境下具有相对独立的发展路线。我们可以把这种路线综合起来形成一个逻辑结构图（如图 1），再通过对青年主体、政策主体、社会环境进行观察和访谈测试来论证三者之间的关系，以期为青年工作的开展提供有效的实证参考。

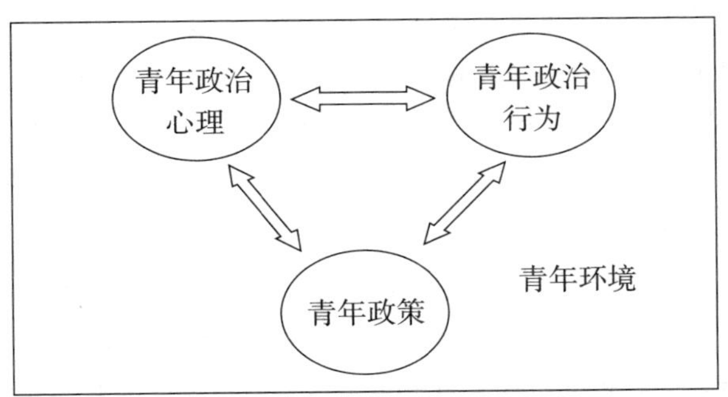

图 1　青年政治心理、青年政治行为和青年政策逻辑关系图

二、文献回顾

关于青年政治心理和行为的研究，赵晶认为中国青年的集群政治心理对集群政治行为的发生和样态有重要的影响。中国青年学生的集群政治心理包括准备阶段的集群政治心理和过程阶段的集群政治心理。准备阶段的集群政治心理对中国青年学生集群政治行为发生与否产生重要的影响。它包含几个方面的内容：中国传统政治文化、青年阶段的心理状态、青年的政治文化素质和青年所处时代的政治心理。过程阶段的集群政治心理对中国青年集群政治行为的样态产生重要影响。它包含几个方面的内容：社会助长、从众和去个性化现象等心理效应。事实上，这种心理在互联网时代表现得尤为明显，在接触与使用媒介的过程中，青年群体所呈现出的“媒介依存”“个体表演”以及“符号交往”的行为表征，消解了作为主体意义的青年精神。长期处于赛博空间所建构的“仿真”世界，“游戏人生”的娱乐心态让青年群体对现实交际产生了恐惧与焦虑，人生观、价值观、世界观开始变得模糊与游离，信仰虚化、道德混沌、精神危机震碎了青年人日趋成熟的理想价值。这种互联网与现实世界的交织可以用“微政治心理”的概念来诠释，青年群体“微政治心理”是社会政治心理的一个子类，“社会政治心理”是指人们在日常生活中对社会现象和政治理念的一种认知和体悟。“微政治心理”是现实中的社会政治心理转嫁到网络社会中的集中体现。“社会政治心理的稳定是底层社会稳定的前提。”而作为社会政治心理子类的“微政治心理”则是网络社会政治秩序稳定的前提和风向标，由于网络社会与现实社会是相互影响、相互作用的，“微政治心理”与现实社会政治秩序也彼此关联。

可以说，“微时代”的到来在改变传统青年政治社会化范式的同时，也为青年政治社会化的现代转型带来了冲击。“碎片化”“去中心化”导致青年群体政治选择困难，“指尖决策”加剧了青年群体政治参与的“非理性”，“手机依赖”导致青年群体政治角色认知失调，“把关人”角色弱化加剧了青年群体政治行为失范。要规范和应对这些不足，必须要从“外在引导”与“内在形塑”两个方面入手，要注重“微空间”中的政治治理，加强现实政治环境的优化改善，建立网上网下和谐共振的双向引导机制。同时，也要注重青年群体的“内在形塑”，提升其“微素养”，完善其“微道德”。也可以说，青年在网络空间中的行为特征是青年一般特征的网络映现，青年对新技术的热衷、青年的求新求变和理想主义等都在网络政治行为中有所体现。正如青年的特征具有二重性一样，其网络政治行为也具有积极和消极的双重意义，需要加以伦理导引。这种导引在思想建设上主要表现为底线意识、等效意识、反身意识、价值意识、素养意识和主体意识的培育和增强，这六种意识的集合形成了一个由最低要求到最高要求的系统，表明了青年的价值观培育是一个过程性事业，需要理论与实际相结合的不懈探索。

而基于青年政治心理和政治行为的青年政策对青年发展作出制度性规定，对青年利益分配进行调整，反映了政策主体的价值选择。对青年政策进行价值分析，既是青年政策研究中的重要课题，也是加强青年政策建设的客观要求。价值基点、价值标准和价值机制这三个维度构成了青年政策价值分析的基本模型。同时，青年政策的特殊性在于青年发展，对规划青年年龄的界定要强化需求服务导向而不是固守着一个统计年龄生搬硬套。要加大在青年中的政策宣传力度，特别是创造有利于规划实施的社会环境，营造浓厚社会氛围。推动青年的组织化和制度化，团组织在推动规划中要完成全领域链接、全景链接、全程链接，处理好协助政府管理青年事务和青年群众工作的关系，要更加重视青年自身利益，更加积极地推动规划实施中的青年参与。

三、调研实证

基于研究假设的结论，调研组开展了实地调研活动，研究方法主要是田野调查、问卷调查、访谈和文献分析，数据主要通过统计分析获取。

（一）研究方法

为了使研究数据具有一定代表性，调研组将主要城市划分为东部、中部和西部三个大类，综合考虑城市的代表性后，抽取了北京、上海、广州、武汉、成都、乌鲁木齐 6 个城市作为调研地域，并通过分层抽样的方式随机抽选 1200 名青年进行访谈和问卷调查（见表 1），具体包括广州 181 份、北京 188 份、上海 190 份、武汉 185 份、成都 192 份、乌鲁木齐 178 份，总体问卷有效率约 93%。在问卷调查的基础上，借助广东省高校联盟的支持，调研组分别在 6 个城市举行了 10 场小组访谈，包括 6 组青年代表访谈和 4 组专家学者访谈，由此形成本研究的基本数据。

表 1　问卷调查统计表

城市区域	广州	北京	上海	武汉	成都	乌鲁木齐
问卷发放数	200	200	200	200	200	200
有效问卷数	181	188	190	185	192	178
问卷有效率	91%	94%	95%	93%	96%	89%
总有效率	93%					

数据来源：问卷数据由广东省高校联盟提供支持。

在问卷设计上，内容主要包括政治心理、政治行为和青年政策三个板块，政治心理主要调查青年对政策的认知和态度；政治行为主要考察青年在参与政治活动过程中表现出的路径、方法以及具体的行为特征；青年政策则主要探寻政策在具体实施过程中所折射的现象及其原因。小组讨论则是召集各领域青年代表围绕青年发展规划实施、青年政治参与等内容进行自由交流，归纳青年关注的要点和主要存在的政策理解、接纳问题。同时，专家访谈则是针对调查中发现的问题征求专家的意见和建议，从而形成比较完整的数据材料构成。

（二）数据分析

1. 青年政治心理：在逆反中寻求挣脱

青年对青年政策的态度总体并不乐观，从 6 个城市的综合数据看（见表 2），认为青年政策是青年权利的充分体现的仅占 25.6%，而直接认为这些政策的制定和实施早已沦为走过场的比例高达 27.8%，说不清楚或明确不了解的占比近 30%，也就是说，对青年政策的理解偏向正面态度的实质上不到 50%。需要指出的是，从东部、中部和西部三个地域划分看，乌鲁木齐青年对青年政策的态度最为积极，上海和广州青年的态度最为消极，中部地区城市表现也居中，反映出越发达城市青年对青年政策越不满意。

表 2　青年对青年政策的态度

	频率	百分比（%）
青年权利的充分体现	285	25.6
体现青年权利，但微不足道	189	16.9
体现青年权利，但沦为过场	310	27.8
说不清楚	280	25.1
不知道	50	4.5
合计	1114	100.0

注：该问题征询的青年政策指涵括青年教育、工作、婚恋、住房等方面的青年发展政策。

事实上，对青年政策的消极态度来源于对当前整体的政治发展方向的消极态度，70% 以上青年认为当前的政府政策存在问题或存在严重问题。在涉及“西方国家政策是否比中国更科学”的问题时，90% 以上选择“不一定”。但在问及是否了解“国家青年发展规划”时，几乎近 98% 以上的青年选择“不知道”。这些数据在很大程度上印证了国内大部分青年不了解包括青年政策在内的许多国家政策，不了解政府发布的相关“惠民政策”，大多数青年想当然地认为政府的政策存在许多问题，但进一步问及存在什么问题时却多是敷衍或答非所问。

尽管大多数青年反对国家许多政策，但他们并不一定了解这些政策，甚至反对的声音多数是人云亦云，或者仅仅是根据个人的需求提出一些“碎片化”的反对意见，即便是完全为了解决某一细节问题而发布某项措施的时候，反对的声音仍然存在甚至是主流声音。这种典型的对政策的逆反心理随着时间的推移越来越顽固并形成习惯，青年群体在受到政策影响时第一反应便是避免、挣脱和在无奈中变得麻木和得过且过。在访谈中，只有不到 10% 的青年能够理性地看待青年政策，并表达自身对政策的接受度和认可度，尽管这种访谈数据并不一定完全准确，但总体呈现的结果与问卷数据基本一致。

2. 青年政治行为：在网络中寻求民主

普遍存在的逆反政治心理在日益影响青年的政治行为，且这种影响力呈上升趋势，尽管青年群体本身可能并未意识到这一点。但从广东省高校联盟 2017 年的调查数据和 2014 年的调查数据对比可以看出，对政策反对的声音在过去三年上升了 2.5%，而在现实生活中积极参政议政的行为则降低了 7%。这个数据一方面反映了青年群体对现实政策的失望和退缩，另一方面则折射出青年政治行为转向网络空间的趋势。数据显示，91.9% 以上青年会在网站客户端、抖音、快手、QQ 群、微信群、贴吧等场所表达政治意见，转发具有政治立场的图文，近 30% 的青年每天都会进行网络跟帖，抨击政府、机构、公众人物的“不当”行为（见表 3）。

表 3　过去三年里是否扮演过以下角色

角色	是否有扮演（%）		
	是	否	无效
各级人大代表	1.2	93.5	5.3

续表

角色	是否有扮演（%）		
	是	否	无效
社区居委会成员	2.4	92.5	5.1
政治社团成员	6.3	88.8	4.9
业主委员会成员	1.6	93.1	5.3
社会居民代表	2.2	92.5	5.3
网络意见主体	91.9	2.9	5.2

尽管青年群体政治行为的主要场景以网络阵地为主，但在问及是否希望在现实中搭建渠道参政议政时，超过 50% 的青年具有较大意愿付诸行动，不对现实抱任何希望的青年只占 6.2%，一定程度上从侧面反映了网络政治行为并不能完全满足青年的政治心理，难以完全实现青年政治意愿，现实生活中的政治行为仍然至关重要（如图 2）。

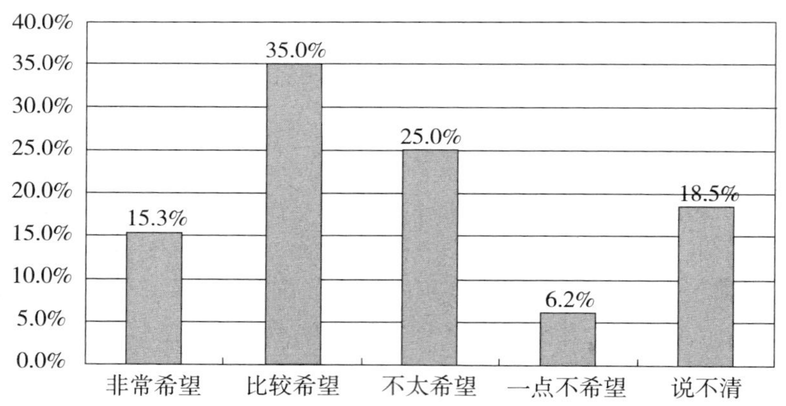

图 2　是否希望在现实中参政议政

调查发现，现实生活的政治行为确实要付出较大的风险和代价，且青年群体大多数并不清晰了解基于某一事件的行为过程中，事件本身的真实情况如何，行为的过程又是否合法合规。而网络空间的行为相对风险成本低，实施过程简单且参与者可以迅速聚集和解散，并能直接互动和交流。而值得注意的一点是网络政治行为的出发点或者理论基础往往围绕“民主”所产生，青年群体认为自身的行为目的在于追求现实生活中缺失的“民主”。青年群体心理上仍然希望在现实中参政议政，通过实际的行动来体现价值和实现意愿，在这个过程中，青年群体所表现出来的政治行为已经受到党政部门的关注，许多青年政策也正是在这种环境下产生，如团中央净化网络相关工作意见的实施、政协人大代表面对面工作的开展等。

（三）青年政策效力：金字塔结构的乏力

针对青年政策实施效果的疲软，尤其是青年发展规划发布后接受度不高、认同度不够的严峻现实，调研组访谈了中山大学、四川大学和中国人民大学的5位政治学专家，得出的一个比较统一的意见是中国行政层级结构决定了政策实施的效力局限，认为中国重大的青年政策多数从金字塔的顶层发布，由于各层级根据各地发展实际在具体落实过程中，往往出现政策的目标在过程中逐渐扭曲，到达基层一线具体实施过程中，一项本意惠民的政策很可能变成民众的负担。例如，青年发展规划实施后，各地青年政策也纷纷响应抢先落地，青年人才引进政策就是典型的案例，各地纷纷通过丰厚的薪酬、优惠的购房、直接的落户等政策抢占“头条”，事实上却并没有关注各地的实际，一线城市因为房价高而需要在购房上出优惠政策，但内地一些三线、四线城市房价本身不高也跟风下达，却并没有关注到青年人才所需要的发展平台，过高的财政支持最终将压力转嫁到普通民众身上，实际上不仅不能长远解决人才问题，反而会给本地发展带来负面效应（如图3）。

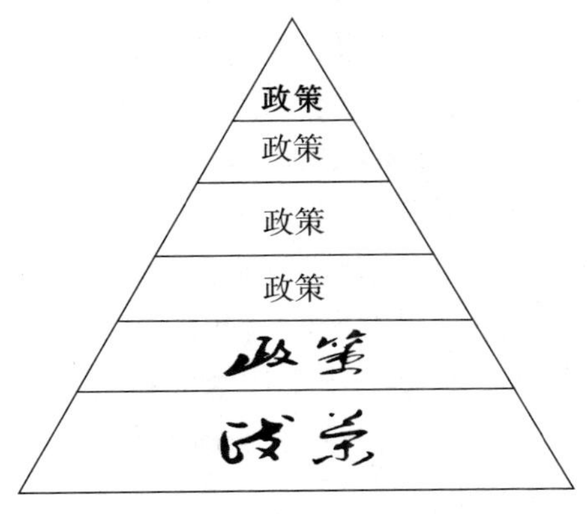

图3　金字塔式政策实施图

而另一个至关重要的原因则是政策环境，从青年政策的实施角度看，青年的习惯性逆反心理导致对政策认可度很低，甚至大多数青年不了解也不愿意去了解一项政策对自身可能带来的积极影响。这种大的政策环境并非一朝一夕可以改变。此外，来自日本、韩国等国以及欧美国家的多元政治文化对中国青年的影响越来越大，受西方政治文化的影响，中国青年在接受本国青年政策时会产生一定的政治阻力。也就是说，青年政策实施效果不明显，青年政策并没有很好地给青年政治行为以满意的回应，更没有通过青年政策实现青年政治心理向好的方向调整和转变，相反，一些青年政策从制定到实施可能更多产生负面的影响，这是非常值得警惕的现象。

四、研究结论

尽管研究的样本数量有限，但结合研究组长期对青年群体的观察和分析，青年政治心理、政治行为、政策及青年环境的关系已然清晰，这对于青年政策的制定、实施和效果检验具有风险预判和危机防范作用。

（一）青年政治心理和青年政治行为具互蚀关系

理论上讲，青年政治心理和政治行为并无先后之分，且这种顺序并不重要，关键是政治心理的产生和发酵会严重影响青年的政治行为，这种影响大多是潜移默化的过程，青年群体并没有意识到某种政治心理发生在自己身上，并在随后的行为中产生积极或消极的作用。而青年的政治行为发生也会反过来影响政治心理，如参加一些积极的人大代表面对面活动、参加选举活动、参与讨论政府相关报告等行为，许多青年在这个过程中形成了一种积极的政治心理。例如“孟晚舟回国”事件，在网络媒体引发青年大量热烈积极讨论，产生了非常积极的爱国效应，提升了民族自豪感和自信心，对国家整个社会政治影响十分正面。而一些类似网上负面报道的不断跟帖行为等，则会使青年的政治心理走向消极和阴暗。更加值得注意的则是西方势力的策反和煽动也会影响青年的政治心理并产生极端恶劣影响，这方面国家意识形态安全工作要注意防控，避免别有用心的渗透煽动。可以说，政治心理和政治行为互相影响和侵蚀，任何一端把握不好都可能促使青年陷入政治危机。

基于此，政府部门尤其是以青年工作为主业的共青团应该做好“预”和“防”的双重保障工作，一方面加强思想引导，积极组织阳光向上积极

的政治活动，线上线下相结合为青年参政议政搭建桥梁，引导青年培养积极正面的政治心理。另一方面要做好危机管理工作，针对当前相当一部分青年脱离政治中心，尤其是那些已经产生负面政治心理，甚至参与组织非法政治活动的青年，则要依法管理，及时纠正错误行为，建立一套规范有效的监管体系。此外需要注意的是青年的政治心理和政治行为具有鲜明的青年特征，政治心理曲线波动较大，容易受到一些热点事件的影响，且一旦形成政治意见则表现得较为偏执，在政治行为上容易走向极端化，在处理青年政治心理和政治行为上更加需要高效和适用性。

（二）青年政策的目标和路径存在严重分离问题

金字塔式的政策实施过程中，往往是政策本身问题不大，至少在目标上是切实为青年服务提升而考虑，可以解决许多切实的青年发展问题。但目标和实施的过程即路径之间却存在严重分离问题，一是由于地缘关系，东西部不同，南北部差异，乃至一个省内各个区县、镇街都存在很大的差异，一项政策的落实需要各地根据实际灵活调整，而这个调整的过程中就出现了走偏、走错、走不下去的问题。而为了应付检查，这些政策又常常成为基层的一种负担，好的政策在这个过程中变成了不切实际的盲目决策。二是人的原因，谁来执行政策，实施主体责任感缺失，政策对象不信任、不支持，甚至根本就不知道相关青年政策的存在，则好的政策也会变成坏的政策。三是没有形成一套完善的程序机制，从政策制定到实施的各个环节没有推动和监管，更没有跟踪评估，难以及时对青年政策进行矫正和完善。

基于此，首先是政策制定者需要充分考虑政策实施的各个环节存在的局限和偏差，在政策制定过程中建立倒金字塔咨询小组，以政策落实效果为第一目标，并采取试点形式对政策进行先行检验再全面铺开，并建立完善的政策实施机制和监督评估机制。其次是充分考虑青年群体的政治心理，做好“打心理战”准备，将服务送到青年手上，传达到青年心里，确保青年群体了解青年政策的本质，接受青年政策的实施方法，理解青年政策存在的局限，对青年和青年政策做好预期评判，最终促使政策效应最优化。

（三）互联网平台青年工作职能缺位错位倾向明显

相较于现实世界，青年群体越来越倾向于互联网世界的融入，调查发现，几乎 100% 的青年会选择在互联网平台了解政策信息。同时，互联网平台已经成为青年群体参政议政的重要阵地，青年政治心理的形成深受互联网影响，青年政治行为更多发生在互联网平台。近年来，共青团参与社会治理的一个重要领域就是网络阵地的“他维空间”，共青团改革的一项重要工作便是建立网络工作小组，占据网络宣传阵地，但在这个过程中却仍然显得有些“头疼医头，脚疼医脚”，一方面是抓不住青年选择网络阵地的重点，不知青年兴趣所在，往往在某些网络热点发生后，已经对青年形成重要影响后才发声，存在时效性严重缺位现象。另一方面则是不经调查研究便拍脑袋上项目，建网络阵地，搭线上线下联合阵营，但这些阵营却吸引不了青年，需要通过政治手段安排青年群体参与其中，可能使得网络工作进一步负面化，青年政治心理进一步脱离中心，政治行为进一步恶化。

基于此，在开展青年工作的过程中，仍将互联网平台作为一个重要阵地，深入研究互联网与青年发展的关系，归纳青年喜好，发现青年特征，融入青年才能制定出符合青年需求的政策，才能在实施政策的过程中抓住工作重点，赢得青年欢迎，从而使政策落到实处。同时，在利用互联网平台开展工作过程中，要紧跟市场风向，抓准社会热点，拨开青年痛点，用青年人的方式去引导和感动青年，让青年从心理上接受和认可相关政策和方式，并参与到政策的制定、实施过程中来。

（四）青年发展环境受多元文化影响难以摆脱危机

无论是青年政治心理的形成，抑或政治行为的发生，乃至政策的制定和实施都深受青年发展的大环境动态影响。当前，一方面是国内青年发展内部环境问题突出，在某些领域长期形成的不了解、不信任、不参与政府政策已成为一些青年的实际状态。在共青团改革的过程中，这一现象正作为重大问题在研究解决，如何快速、高效地重新凝聚青年将决定未来改革是否成功，决定青年心理天平的倾斜方向、青年政治行为的方式方法。另一方面则是中国青年发展的外部环境堪忧，日本文化、韩国文化、西方主流价值观通过电影、电视剧、动漫、图书等多元渠道，以互联网为突破口已经对中国青年价值观造成巨大冲击，现实中这种案例也挺多，部分青年心理上对西方文化的认可和向往，政治行为上对西方价值观的支持和参与，对政策的态度以西方相关政策为模板对比，将使我国青年工作更加具有紧迫性。

基于此，政府职能部门在开展青年工作时应该双管齐下，即一手改善青年发展内部环境，切实研究青年发展遇到的实际问题，与青年一起去发现和解决问题，从心理上拉近与青年的距离，从行动上与青年共进退并引导青年选择正确的路径和方法，诚挚邀请青年一起参政议政，建立一个有法律依据、有规范途径、有人文关怀的青年发展环境。处理好与外部环境融合工作，对科学、优秀的外来文化进行主动引介，对带有强烈政治目的的外部文化进行细致解剖，并通过多元渠道对青年群体进行解读，揭露外部环境和网络媒体中存在的风险和危机，从而构建一个有利于中国青年健康成长的政治环境。同时，要加强作为青年管理部门的共青团在青年工作开展中的先锋主力作用，做好青年发展环境的研究，了解青年的真正需求，搭建青年参政议政的有效渠道，形成良性的青年发展环境生态。共青团工作队伍要不断提高自己在网络化时代的新媒体媒介素养。有敏感的信息意识，能够及时捕捉热点、重点，并将其及时运用新媒体手段进行传播，面对突发情况时能够有效应对。不能故步自封，要重视新媒体作为信息传播新载体的作用，加大对共青团队伍培训力度。

五、结语

总体而言，青年政治心理、政治行为与青年政策在青年发展的大环境里是一个动态的互相影响的关系，关键的问题在于三者影响力强弱的变化。在当前群团改革的大背景之下，青年政策的制定应该充分考虑青年心理、行为、环境的影响力所在，且只有厘清其中的关系才能对青年未来发展可能出现的危机进行预判并予以防范和解决。青年政策的制定绝不仅仅是落脚在特殊的青年群体本身，青年工作的开展也绝不仅仅是共青团等青年工作部门的责任，青年政治心理、政治行为的形成是整个发展的大环境所造成，青年政策的制定需要社会各界、各部门的广泛参与和积极支持落地实施，才能够将“金字塔”内部机制理顺，将三角逻辑关系厘清，从而实现青年的健康发展和社会、经济、政治的健康发展。

第二节 中国青年政策转移危机与化解策略

导语

中共中央、国务院于2017年4月发布《中长期青年发展规划（2016—2025年）》后，青年政策的制定、传播、实施和效益备受关注。利用基于信息在青年群体中传播特性的优化版布瓦索（Boisot）信息空间理论的概念工具，构建分析中国青年政策纵横向转移的逻辑框架，将中国青年政策在各级青年组织间转移的过程描述为编码、抽象、扩散三维空间的政策知识的生产、扩散、利用过程，这个过程包括小众审视、解决问题、反复检验、动态稳定等具体步骤。从而发现在青年政策转移中存在高编码、高抽象和低扩散的试点危机，低编码、低抽象和高扩散的信息蜕变危机，高编码、高抽象、高扩散的适用性危机。化解中国青年政策转移危机避免政策转移失败需要加强信息传播的知识认知和技术控制，认识青年政策的青年属性特征和战略定位，创新团青组织信息流动和共享的空间平台，强化基层团青组织学习能力和研究能力。

中央群团改革工作的推进和《中长期青年发展规划（2016—2025年）》犹如推动中国青年政策实施的两个车轮，给各级团青组织带来了巨大的影响，各级团青组织在改革中摸索前进，既严格遵循中央决策，又根据地方实际探索政策创新，成为新时代推动中国青年政治参与和社会参与的直接动力。但与之相应的则是政策推进的高成本消耗和高风险递增，以及各级团青组织政策供给和输出能力的差异衍生了团青组织之间客观的政策转移现象，如城市青少年发展规划的制定、社会组织承担政府职能的深化等。政策转移在青年发展领域作为共青团政策供给的一种方式，与其组织本身所期待的政策效果尚有差距，而且，因转移落于形式、转移裹于机械、转移脱离需求而导致政策转移事实崩塌的情况并不鲜见。在推动群团改革工作的大环境和政策实施本身充满不确定性的今天，各级团青组织的政策转移实践潜藏着失败的危机。通过对各级团青组织间政策转移的分析观察，寻找政策转移潜藏的危机及其衍生的逻辑，并由此探索消除危机的路径方法遂成此项研究的核心意义。

一、政策转移研究的理论困境

政策转移是建立在政策扩散的研究基础之上，政策扩散指政府在选择实施某项政策的时候受到其他政府实施相关政策的影响，政策转移主要指政府政策在一个时空视域下的安排内容在另一个时空视域下被复制、仿效或吸取性实施，其本源系比较政治学的一个分支，政策扩散关注引起政策变化的条件，政策转移关心发生转移的内容。政策扩散研究早期主要功能在于探讨国家之间以及美国各州政府之间政策创新扩散趋向和结果的特征比较。不过，政策扩散研究被学者评价存在明显漏洞即忽略了政策扩散存在的多样性。在对政策扩散进行讨论的时候，学者提出了“吸取教训”（lesson drawing）的概念，其所诠释的重点在于政策制定者具有充分的理性认识并在理性条件下开展政策活动。但“吸取教训”主观设定的环境和资源，以及足够理性的假设广受诟病。基于从这些争论中跳出传统框架的目的，多罗威兹（Dolowitz）与马什（Marsh）提出“政策转移”这一新的政治学词语，并将理性条件下自主的政策传播和非自主条件下政策自然传播涵括起来，政策转移成为政策研究领域广泛使用的概念。

多罗威兹（Dolowitz）与马什（Marsh）随后对美国州政府开展了政策追踪调查，并从调研数据中分解出政策转移主体、转移内容、内容来源、转移系数及失败因素等，为政策转移研究创建了一个重要的分析工具。艾维斯（Evans）与戴威思（Davies）则对政策转移完成了分类追踪调查，包括全球性和国际性的政策实施、社团组织之间的政策实施以及不同于具体政策的宏观政策转移。乌尔曼（Wolman）和培基（Page）构建了一个信息传播模型，认为政策信息在传播过程中经历信息生产、信息发送、发送助推、信息接收四个环节，在他们构建的政策转移框架下，重点在于做好政策信息的确认、评估和应用。

政策转移研究还处于探索和挖掘的前沿阶段，已有的研究理论存在许多争议且并未得以明辨。奥利弗·詹姆斯（Oliver James）和马丁·罗吉（Martin Lodge）认为政策转移研究有三个层面的回答困难值得探讨：第一，政策转移和其他政策的制定模式本质区别在哪里？第二，政策制定者为什么要选择政策转移而不是其他解决办法？第三，政策转移有没有深入解读政策的成功和失败的原因所在？班森（David Benson）和乔丹（Andrew Jordan）认为，虽然政策转移背景信息的不完整、政策内容的不完整以及政策转移的不适当方法路径三种失败已经被提出来，但未能对具体的原因和特点进行分析，更没有对政策结果进行解读。虽然政策转移研究自 20 世纪 90 年代中期就在不断变迁，但仍没跳出最初（多罗威兹和马什）的研究框架。

所以，突破原有的框架设定并创建新的具有替代性乃至颠覆性的研究路径是政策转移研究应有的思路。沃尔曼（Wolman）与佩吉（Page）特别强调“大量的关于政策转移的文献都苦于缺乏一种促进理解和理论建构的分析模式”。而且，多罗威兹和马什实际上是将政策转移分析框架作为一种启发式的研究路径而非理论构建。当下的政策转移研究需要跨学科的观察、概念的推陈出新，需要理论框架的完善和再设计。

二、信息空间：青年政策转移的新框架

互联网时代迅速将政策转移的概念热推向诸多学科的前沿，越来越多的学者关注并运用政策转移相关理论来探讨本领域相关问题，从概念的明晰化到对具体现象的描述，再到案例的构建和分析，政策转移已日趋成熟，但更需要提供更多的研究框架和工具去予以分析和确证，恰如奥利弗·詹姆斯（Oliver James）和马丁·罗吉（Martin Lodge）所提议的“学者更需要挖掘符合标准要求的工具去分析政策转移所带来的利弊并提供路径建议”。而信息空间理论恰恰能够满足这种解释力的需求，正如熊烨在国内代表性文献《我国地方政府间政策转移：过程、危机与化解策略》中所阐述，不管是基于思辨的角度去补充政策转移理论存在的漏洞，还是基于

实证角度去为政策转移的实践提供决策参考，信息空间理论所建立的框架都经得起科学的考验。但是，当把青年政策运用到信息空间理论框架中，由于青年群体的特殊性，其内在的传播路径发生了重大改变，“青年政策对青年发展作出制度性规定，对青年利益分配进行调整，反映了政策主体的价值选择，故青年政策具备青年属性，青年政策的传播路径殊途化”。因此，我们有必要对原有的信息空间理论进行优化，并称之为“优化版信息空间”或“改良版信息空间”。

优化版信息空间建立在传统信息空间理论的基础之上，其核心是现代社会的大数据构建，在这个大数据体系中可以完美地处理信息的生产、传播、反馈等问题。马克斯·H. 布瓦索（Max H. Boisot）提出该理论之始主要用于经济学讨论并得到广泛认可，堪称为信息的政治社会学提供了基本范式，也可以解释为用以分析一个社会系统内信息和知识的生产与交换的概念工具。如图 1 所示，其坐标由编码、抽象、扩散三个维度构成。编码将普通的表达内容用符号进行归类，以带来理解上的精确化和叙述上的程式化。抽象是将复杂的内容概念化和简单化，以期在表达上取得以少胜多的效果。扩散是信息的共享，具体指信息在互联网时代线上线下的传播过程，不过，社会系统的信息扩散较之计算机系统、生物系统和物理系统等的扩散复杂得多，其过程既受传播者选择因素影响，又受过程的不确定路径和受众的选择与反馈影响。总体来说，编码将信息符号化，抽象将符号予以排列组合，扩散贯穿整个过程并带来无限的不确定性。

信息传播的三维空间里面，不同的坐标与坐标构成的二维空间既不同又相互影响，乱码—编码线与抽象—具体线构建的二维空间所阐释的内容是信息符号化和概念化过程，也就是认知（Epistemology）过程（简称 E 空间）。抽象—具体线与未扩散—扩散线构成的二维空间将信息的传播走向与其抽象化过程相结合，通常称之为效用（Utility）空间（简称 U 空间）。乱码—编码线与未扩散—扩散线构成的二维空间阐述了不同的群体对于不同的知识有着不同的传播分享选择，这种分享方式的选择体现的是一种社会文化现象，所以唤作文化（Culture）空间（简称 C 空间）。将以上三个空间排列组合在一起即 I（Information）空间，通过这个信息空间模型框架我们可以观察信息传播的动态流程，解读政策的传播和扩散路径。

基于信息空间的框架模型，布瓦索使用“社会学习周期”（Social Learning Cycle）解释信息传播、转换、衍生的链条。针对青年政策在团青组织、青年群体中传播的特殊性，我们优化了这个学习周期，将信息传播描述为一种在信息空间呈螺旋状、曲线上升、周期性的运动，这个周期性的运动分为 9 个部分（如图 1 曲线所示）：

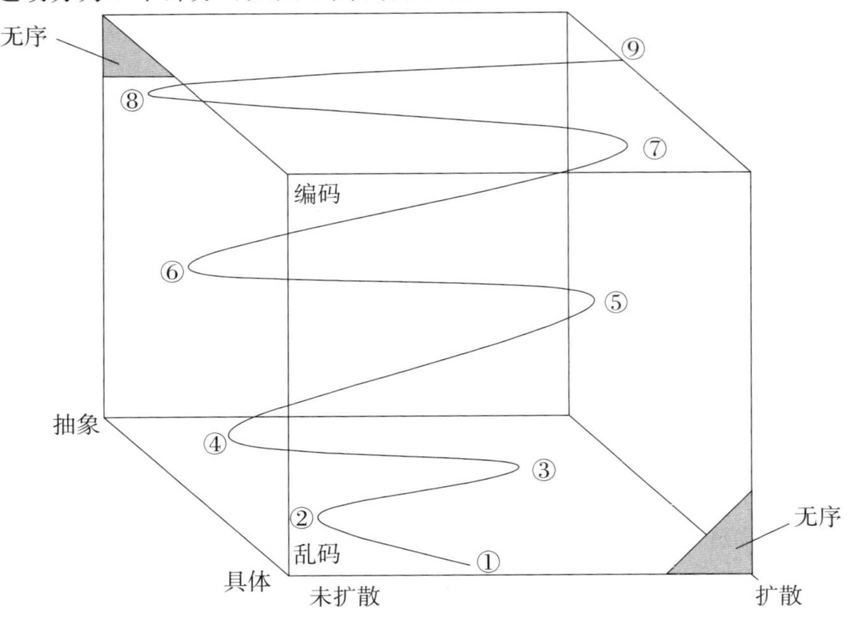

图 1　优化版信息空间及其社会学习周期

小众审视（①）——在 I– 空间向左上的运动，和布瓦索传统的周期路线一样，伴随信息的扩散，这个阶段可以获得通常是模糊不清的数据，这些数据为个人或小集团拥有。

解决问题（②④⑥）——在 I– 空间向右上运动，信息扩散后的第一阶段，传播的内容开始被归纳并编码，获得所谓的共识，尽管这些共识存在太多疑虑和不确定性。这种向右上运动将根据传播过程的复杂性反复出现，我们用偶数作为其运动代号。

反复检验（③⑤⑦）——在 I– 空间重新向左上运动，由于扩散速度的不断加快，抽象化和编码的内容经不起实践的检验，再次回头进行重新归纳和完善编码。这种回头同样将根据传播过程的复杂性反复出现，我们用奇数作为其运动代号。

动态稳定（⑨）——在 I– 空间中向右上的运动，通过不断的编码、抽象化和检验，伴随信息扩散到达界值，到达这一阶段后，信息基本得以确认并能够得到基本的检验，从而趋向稳定，运用到实践。尽管这种稳定仍然具有相对性，且螺旋状的曲线还会继续运动，但这种运动开始趋缓。

传统的社会学习周期描绘出了数据处理主体的总体在处理信息时所使用的新陈代谢路径，前三个步骤是价值的产生，后三个步骤是价值的利用。经过变异或者完善的社会学习周期则是一个螺旋的立体结构，曲线根据奇数和偶数两个序列呈现无数条反复运动的曲线，从价值的产生到价值的利用是一个反复检验的过程。需要说明的是，这些曲线的各个节点同时又在其他微小的模型中运行。

基于优化的信息空间理论，具体到青年政策转移，团青组织、青年组织间政策转移明显不同于一般的政策转移，政策信息即便完成了编码过程并得以概念化，具备了可扩散的条件，却仍然不能在所有地方实现通用。一方面因为各地经济、社会、文化发展层次存在异质性，对于政策的吸收和实施必须有一个适应过程。另一方面，各级团青组织层级复杂，青年组织多元化明显，对于政策的吸收具有选择性特征和情景再造过程，并最终内化为具体的、与团青组织相契合的政策知识。

团青组织间政策转移中优化的“政策学习周期”将研究的视域从一般的范畴细化到青年领域的精细范畴，同时将扩散过程延伸到政策知识的生产、流动、实践的全过程，这不仅完善了传统的“政策学习周期”，更颠覆了当前学术界对政策制定、试点、传播和普及的传统路径。在 I 空间的框架下，所有细微的变化都回归到青年政策知识传播过程中。

三、团青组织间青年政策转移的危机

我们所看到的“社会学习周期”仅仅是一个观察模型，布瓦索把模型中的坐标指向定位为示意性而不是绝对性，所以，政策转移在信息空间所留下的轨迹同样是示意性的而不是标准化指向，这种示意本质上是对政策知识生产、传播、接受的微观描述，且有其本身的规律。回到政策转移的实践，政府在政策实施过程中无疑存在依葫芦画瓢的工作方式，如果把这个画瓢的过程放在信息空间，其在地方政府间政策转移实践中存在的照搬模仿、生搬硬套的行为模式“政策学习周期”是不正确的。所以，常常看到的关于个别政策失败的案例便不足为奇了。不过，个别政策转移失败往往存在争议，因为政策结果并非短时间内能够作出判断，比如计划生育政策，对年轻一代的影响需要一个时代甚至多个时代去检验，短期的评估很难有说服力。但是我们仍然可以通过对政策转移过程的审视前瞻性地把握政策转移失败的症结所在。

（一）高编码、高抽象和低扩散：不可避免的试点危机

中国青年政策在实施前通常会谨慎地选择部分区域或城市进行试点，希望通过先行实验来对政策作出检验并予以完善，再逐步在全国推广。如图 1 所示，这种政策试点在 I 空间里，表现为高编码，对政策进行了完整的符号化；高抽象，政策基本完成了概念化过程，实施者在解读中可以充分有效地使用精准简单的词汇予以分析。但由于政策尚处于试点阶段，严格控制在小范围空间，甚至杜绝不可控的传播渠道，所以表现为低扩散。高编码、高抽象和低扩散的状态可称之为有序状态，但这种有序只是暂时的和局部的，其深层次潜藏着巨大的危机，一方面，试点区域为试点做准备，早已提前祛除了不可控的政治、社会、经济和文化因素，在小范围内达成共识，甚至出于政治动机、迫于舆论压力而掩盖危机。另一方面，即便成功地试点，由于各地社会、经济、文化等的差异，政策一旦从试点区域扩散，试点成功的经验并不一定在其他区域有效，有序状态迅速转化为无序的状态，直接的危机和潜藏的危机将瞬间爆发。如当前涉及青年服务领域的共青团改革工作，首先是在北京、上海和重庆试点开展，试点期间相关共青团改革方案处于保密状态即不扩散，成熟的方案和中央至地方的链条式准备充分体现了抽象化和编码的完整。但是，试点经验却并非可复制，当共青团改革向全国推广，许多地方尤其是基层反应激烈，广州市穗港澳青少年研究所的一项调查发现，依循“以有为支持存在”的目标指向，共青团改革一方面给地方职能部门带来了巨大压力，如地方编制的调整，增加和删减都会遇到困难，另一方面打破了原有的青年服务内容，新的服务理念却并未落地，短时间内青年群体对共青团更趋污名化。

（二）低编码、低抽象和高扩散：客观存在的信息蜕变危机

我国的团青组织间政策转移所涉及的行为主体不仅包括各级共青团，还涉及青年组织和相关职能部门。从政策转移的途径上来看，我国团青组

织间政策转移包括三种途径：一是中央（多以团中央为主）统一制定，各地团青组织按要求贯彻推进。二是全国选择一个或几个代表性区域试点，中央吸纳经验后再向全国推广。三是地方创新实践，其他地方学习仿效。无论是哪一种路径，在政策传播的过程中，由于互联网时代带来的传播速度，以及青年群体对信息的敏感触角，一个显著的特征就是信息的低编码、低抽象和高扩散。低编码和低抽象表现为政策信息传播的蜕变异化，面对青年群体对政策的多元解读，以及各级团青组织根据地方实际的调整，编码过程和抽象化过程根本无法与扩散变化相适应，政策信息在传播扩散过程中呈金字塔形，政策内容也从标准清晰到模糊不清。此外，由于多元化的媒体报道通常表现为粗浅的描述，且一般停留在显性知识层面，对于一些隐性的政策认知极度缺乏乃至误解。尤其是在政策传播扩散中推动政策创新实践，新的标签、举措和口号与政绩需求相呼应，吸引了主流群体的眼球，却对潜藏的危机和已经出现的问题置若罔闻。如国家大力推动创新创业，鼓励各地孵化青年创业项目，这项政策到达 G 省很快被落实成为要求涉及就业创业、技术创新、青年发展的职能部门切实推动孵化基地的建设，为青年创新创业提供条件。而到达 G 市，则变成要求各高校、企业、机构做好青年群体的创新创业服务，并要求在规定时间内实现相关的创新创业数据。而这些学校、企业、孵化基地等则主要在制作表格和更新数据，以及思考如何争取更多政府资金的投入。整个政策链条的顶端信息和末端信息呈现出天壤之别。

（三）高编码、高抽象、高扩散：水土不服的适用性危机

基于 I– 空间的信息传播理论，如果在编码、抽象、扩散三个维度存在偏差，必然会导致政策转移的对应危机，正如前文所述的两种传播模式。然而，这并不意味着高编码、高抽象和高扩散的传播模式就能够规避转移风险，虽然其在链条上已经做好了疏通工作，但在最终的政策价值体现上，也就是末端利用阶段很大可能陷入水土不服的适用性危机。毕竟，各地有各地的实际，它们对政策知识的吸收参差不齐。政策具有地方性特征，20 世纪中后期，学界提出了“地方性知识”的论点，认为任何知识都属于特定的情景产物，关注普遍性的知识适用不如关注知识产生的具体情景条件。“地方性知识”反对普遍适用性知识的存在，本文认同“地方性知识”所阐述的地方特征不同带来的差异，但并不就此认同知识不可

能普遍有效，比如公平、民主、平等，又比如仁义礼智信，优秀的知识文化明显具有普遍适用性。回到政策知识的传播，由于社会、经济、文化环境的差异性，政策在转移过程中必须确保合理有效的吸收，才能有效地转化和适用，但现实却很难做到。比如我国的青年人才政策，其中一项重要的举措就是住房保障，在政策推进过程中，深圳、广州、杭州等多个大城市为了吸引、留住青年人才，推出了提供 80—120 平方米不等的免费公寓，同时给予每年 10 万—50 万元住房补贴等，对青年人才的住房保障很快产生了人才聚集效应，大量海外留学青年、毕业博士生在这些城市就业安家，这些政策显然是成功的。但是，同样的政策转移到内地城市，乃至一些三线、四线城市，即便提供了别墅，甚至推出了子女就学等一系列举措，却仍然无人问津，一些城市，在同样的政策贯彻下，近年来不仅不能吸引青年人才，反而本地的优秀毕业生纷纷前往沿海发达城市发展。青年人才政策本身没有问题，关键是各地的情况不一，沿海发达城市因为房价本身非常高，青年人才才有重大需求，一些城市本身房价偏低，住房并非青年人才的第一需求，生搬硬套的青年政策让政府、社会、青年都难以收获良效，也充分反映了转移政策知识吸收转化不足下的水土不服与南辕北辙。这就特别需要各地一定要根据本地的实际情况，坚持实事求是的基本原则，推出符合本地情况的相关措施方案。

四、团青组织间政策转移危机的化解策略

基于优化的信息空间理论分析工具，我们将团青组织间政策转移描述为青年政策知识的生产、扩散和利用过程。并通过抽象、编码和扩散的三维空间分析了三种信息传播路径下所产生的政策转移危机：高编码、高抽象和低扩散的试点危机，低编码、低抽象和高扩散的蜕变危机，高编码、高抽象、高扩散的适用性危机。是否有可能化解这一系列危机以避免青年政策转移的阻滞和失败？本文试图从信息传播过程、危机链条和末端控制构建一个分析中国青年政策转移的框架，推动青年政策实施的具体实践。

（一）加强信息传播的知识认知和技术控制

信息传播有限的有序和无限的无序危机对政策试点或全国推广所带来的危机源于编码和抽象的滞后以及扩散的失控，直接造成不成熟经验的推广和资源浪费，严重的扩散危机甚至带来巨大的经济风险和社会危机。化

解无序状态的根本在于提高青年政策知识的编码和抽象程度。首先需要加强的是对信息传播的战略认知，当前，信息管理在西方国家已经成为政治学、社会学、经济学、管理学等各个学科的重要研究课题，但国内相关研究相对滞后，未能引起足够重视，从知网上搜索“政策知识管理”相关内容比较匮乏，日本学者对政策知识管理研究相对完善，代表性的有谷田中一提出的“政策痕迹理论”，指出虽然日本立法规范了日本政府政策评价的目的、程序、标准、方法及评价责任等，政策知识清晰规范，但政策知识包括有形的、显性的政策，也包括隐形的、内嵌的政策，这些政策知识在传播、吸收和实施的过程中都会留下行为痕迹，并可以通过痕迹分析来确定政策转移的定位、方向和趋势。编码的过程很明显可以留下符号的轨迹，通过这些轨迹可以看到编码能够让信息更加简单有效。抽象的过程则是信息高度凝练的过程，可以让受众更加迅速、精准地把握信息的内涵和要义。

扩散则是信息走向无序的过程，需要通过技术手段控制其节奏，调整其方向，改变其内容。当前中国青年政策的管理还存在不少的盲点和漏洞，如共青团没有一套完善的政策知识管理系统，没有建立整合、统筹规划及管理各领域政策知识的专责机构或单位，政策知识管理的制度及相关法规不健全等。所以，只有对信息空间有完整的认识，对知识的内涵有准确的认知，对传播的过程有良好的技术控制，才能够从整体上掌握整个信息空间的动态发展。当然，政策知识管理的目的并不桎梏于提高青年政策知识的质量来减少政策转移失败，对于知识积累、经验传承乃至国家治理能力的提升都具有重要意义。

（二）认识青年政策的青年属性特征和战略定位

青年政策不同于其他政府政策，它的目标群体是青年，传播群体也以青年群体为主，这就注定了青年政策转移必然离不开青年属性。当前，我国已经进入深化互联网的时代，青年群体的信息传播渠道主要依赖互联网，2016 年中国互联网络信息中心（CNNIC）发布的《第 36 次中国互联网络发展状况统计报告》显示，中国网民规模继续呈扩大趋势，尤其是网民中即时通信用户的规模达到 7.06 亿，年度增长了 1850 万人，占网民总体的 90.8%。其中青年群体每天的上网时长主要集中在 3 小时及以下（46.2%）和 4—6 小时这两个阶段（35.2%）。可见，青年群体获取青年政策信息的主要渠道也是互联网，且由于互联网传播速度大大超越传统的信息传播速度，青年政策的扩散速度也相应快于一般的政策信息传播。同时，由于互联网信息传播更加复杂多元，青年政策也会在传播过程中不断被有意和无意地扭曲，传播的不同阶段所到达青年手中的版本可能不尽相同乃至大相径庭。

同时，青年政策在互联网上的传播以及在青年群体间的传播过程中，编码的速度难以赶上瞬息万变的传播速度，往往是政策刚刚提出来，便已经通过互联网覆盖了大多数目标群体。抽象的过程同样显得曲折，一方面是青年政策的概念化滞后，难以在有效的时间内到达青年手中；另一方面则是青年群体本身对信息的浮躁处理，总是难以等待政策的完整表述即高度概念化之后再传播。所以，在青年政策的实施过程中，只有认清了这些固有的青年属性，才能够策略性地推动青年政策的具体实施，毕竟，青年群体对于国家社会治理、对于社会经济发展等处于非常重要的战略位置，离开青年群体，青年政策失效后的国家、社会必然陷入难以挽救的治理危机。

（三）创新团青组织信息流动和共享的空间平台

湖南卫视曾经推出过一档青年群体喜闻乐见的节目——《隔墙有耳》。所诠释的信息制造者所传递的信息在经过多人过滤之后，到达末端听众后内容已经面目全非。虽然这只是一档娱乐节目，却折射了现实信息传播环境中信息的损耗和扭曲。不过，这种损耗和扭曲从技术上其实可以控制和规避。团青组织间政策转移涉及纵向和横向诸多部门、组织、机构的交流与互动，即使是团中央推动的青年政策转移同样也需要基层团青组织和青年组织间信息交流的顺畅来保证政策内涵和外延的精确传播。团青组织信息流动的频率、深度和检验直接影响到青年政策传播与扩散的信息递减率和扭曲度，而团青组织间的交流离不开交流平台的支撑。团青组织交流平台的搭建不仅需要对互联网平台进行净化和优序，还需要共青团等服务青年的部门进行整体谋划和完成制度供给。此外，线上的信息交流虽然占据主流，但仍然离不开线下渠道的有力传播，权威的通知、公告等公文，以及政府介入的线下青年论坛、沙龙等活动，不仅能扩大信息覆盖面，还能够对互联网信息提供检验。

青年政策转移还需要打破层级观念，构建共享文化。青年政策转移的发源地和跟进主体具有积极的互动关系，且跟进方显得更加主动，如共青团推出相关青年服务政策，各类基层团青组织、青年志愿者团体等有动力去了解吸收这些政策以更加便捷地解决青年问题、提供青年服务。然而，政策发源地的政策主体进行政策传播的动机仅仅是完成政治任务吗？如果所有的政策转移都停留在机械地转发文件、逐级传阅、照本宣科传达层面，则对于政策发源地传播主体积极性失去了讨论的意义。由于政策知识不是停留在表面的文字意思，其隐性层面包含着丰富的思想和内涵，甚至有些青年政策不会明显体现在字句当中，那么，破除纵向的多层级官僚制传播，构建共享平台，厘清传播路径，实现政策知识的最直接到达和文化内涵的深度共读则是避免政策转移失败的必然选择。简而言之，共享文化能够打破团青组织间狭隘的认知障碍，把青年政策与青年服务真正无缝对接，形成青年政策转移独特的文化氛围。

（四）强化基层团青组织学习能力和研究能力

团青组织由于结构、制度、环境的不同，尤其是构成主体的不同，对青年政策的学习和吸收能力参差不齐，尤其是在基层团青组织之间问题尤为严重。广州市穗港澳青少年研究所对广州基层团青组织做的一项调研发现，超过 90% 的基层团青组织工作人员系兼职，由于认识不够和兼职过多，专门的政策学习安排缺失，本身的能力素质也不足以对青年政策的内涵有深入的了解，从而导致政策的具体实践出现失位、越位等负面问题。体制外的青年组织则更加因为无法通过有效的学习途径实现对政策的充分了解而导致青年政策转移在青年组织环节的失败。政策学习能力是团青组织的青年服务工作的重要部分，在资讯发达、交流频繁的互联网时代，如何有效地利用海量的政策信息和知识至关重要。

政策学习构成政策转移研究的一个途径，但除了学习之外，团青组织更加需要对政策本身进行深入的研究，对政策落地的所在环节进行充分的调研实践，以避免政策信息在不同环境中无序扩散所带来的地方不适应问题。可以说，青年政策转移中的团青组织研究能力超越了对青年政策的学习领悟层次，更包括通过调研实践将政策转移知识情景化转化的能力。提高团青组织的学习能力和研究能力，对青年政策转移的传播和落地实践、地方特色化乃至进一步创新转化有积极的促进作用。

第三节
青春规划：中国青年发展规划实践的规律性研究

导 语

当前，《中长期青年发展规划（2016—2025年）》已经进入实施阶段，在规划实施落地的过程中会遇到什么问题，产生何种效应，是否可以发现其中的规律，以及伴随地方青年发展规划的诞生所带来的中央与地方的协调、规划与政策之间的关联、共青团等职能部门的重新定位成为社会关注的焦点。基于由中国青年研究中心组织的“中国青年发展规划实践的规律性研究”专家讨论，结合张良驯主编的《中国青年发展规划的理论与实践》研究成果，从四个角度予以探索和解读。

青年发展具有自然性，更具有社会性，青年发展是在一定的社会政治、经济、文化条件下进行的，需要国家的公共政策支持。在全面深化改革的过程中，青年的利益诉求应该得到社会的特别关注。青年发展不能放任自流，需要党和政府进行规划。正是为了促进青年实现更好的发展，从“十一五”时期开始，一些地方开始对青年发展进行专项规划。在这些地方性青年发展规划的基础上，中共中央、国务院2017年4月发布了《中长期青年发展规划（2016—2025年）》，第一次把促进青年发展作为国家的基础性、战略性工程，把青年发展摆在党和国家工作全局中更加重要的战略位置，进行整体思考和科学规划。

政策执行是政策过程的重要环节。一项政策能否得到有效执行，受到政策问题、政策文本、执行主体、政策资源、调试对象等多方面的影响，因此，需要进行政策执行的对策性研究。《中长期青年发展规划（2016—2025年）》实施阶段，聚集全国知名的青年研究学者通过撰文、抒见、碰撞交流及综合点评的方式开展“中国青年发展规划实践的规律性研究”变得非常有意义且有意思。中国青年发展规划实践的规律性研究包括青年发展规划的理论研究、青年发展规划的实施研究、各地青年发展规划的总体研究以及青年发展规划实施的有效路径等构成部分。本文拟结合张良驯主编的《中国青年发展规划的理论与实践》，围绕五个主题研讨内容进行归纳评述。

一、青年发展规划的理论研究

国家青年发展规划发布以来，学术界对青年发展规划进行了普遍的讨论，并从规划出发对青年政策进行了有益的探索，但即便是张良驯主编的《中国青年发展规划的理论与实践》这一最具代表性的研究著作，依然未及去厘清一个基本的概念：什么是青年发展规划？什么是青年政策？青年发展规划和青年政策是一种什么样的关系？从概念到理论，青年发展规划的理论研究又处于什么阶段，主要的表达方式是什么？这些问题值得回答和探讨。

（一）关于青年发展规划与青年政策的概念

所谓青年发展规划，用通俗的话说，就是实施青年发展总体目标的行动计划。它是国家战略目标下青年领域的总体目标和行动指南，是实现青年发展的重要手段。青年发展只有通过具体的规划来加以实施，才能最后达到预期的效果。青年发展规划的职能主要包括决定青年发展某个阶段的最后结果，以及获得这些结果的适当手段和全部管理活动。简单地说，青年发展规划就是行动之前所作出的某些事先的考虑。所谓青年政策，指国家政权机关、政党组织和其他社会政治集团站在青年群体利益的立场，为了实现自己所代表的利益与意志，以权威形式标准化地规定在一定的历史时期内应该达到的青年发展目标，以及应该遵循的行动原则、完成的明确任务、实行的工作方式、采取的一般步骤和具体措施。

很显然，青年发展规划和青年政策具有高度的相似性和重合性，但在本质上又具有明显的区别，青年发展规划重在阶段性的规划实施，具有明显的计划性和引导性。而青年政策的重点在于政策，具有行政强制性，青年政策是公共政策的一部分，它的内容偏政治性、原则性，具有较大的刚性力，而青年发展规划必然随着阶段性的发展而进行阶段性的调整乃至颠覆，具有很大的柔性空间，且各地可以根据不同地方特色对规划进行即时调整，而青年政策则多为大而贯之，不可以随意更改和不执行。所以，对《中长期青年发展规划（2016—2025年）》实施的讨论同样要认识到规划是阶段性的、大方向的、地方可以有地方特色的，它与青年政策有着千丝万缕的关系。

除了对基本概念的厘清，另一个重要维度就是确定青年发展规划实施的研究视角，尽管我们在研究的过程中会感觉很难，但必须抽象地去总结，挖掘本质性的东西，也就是开展青年发展规划研究一定要有一种共识的理论框架来解析它，当然你可以有不同的理论视角、不同的框架去进行。其次是要特别注意研究方法，是不是科学的、严谨的？如果是你的抽样方法出现问题，不是按照严格的模型进行测验，肯定是不够严谨不够科学的。再次是理论研究的本土化路径，我们在研究中经常借鉴国外的模式，与国外对比，我们能不能形成自己的具有本土意义的方法？青年发展规划这类研究尤其需要立足本土。

（二）关于青年发展规划的两种范式演进

当前关于青年发展规划的理论研究主要有两种：一是旁征博引的内容解读式，二是高屋建瓴的结果预见式。

内容解读式，通常是追赶热度，把最新出台的有关青年的政策罗列出来，在文本上进行解读。比如，将G市政府工作报告中提出的有关青年发展的计划单列出来，将S市“十四五”规划中关于鼓励创业政策中有关青年的部分加上引号，随后大量引用经典的学术理论予以佐证，用主流的学术观点予以呼应，甚至将重要的领导讲话套进来作为论据，通过对这些或相对完整或零星散碎的政策进行罗列、分解、整合和解读，最终的结论大多数是倾向正面和正确的。

在内容解读式的表述框架中，有的学者从政策学解读，大而概之中国青年政策出台顺应了中国共产党由革命党到执政党转型的大背景，是执政党及其外围组织现代化的重要里程碑，顺应了青年工作政策转向的趋势，是中国青年政策的标志性文本。也有学者更宏观地指出中国青年政策的制定反映出当今世界和各国社会发展对青年发展和青年事务管理的内在要求，反映出国家为适应这些变化和要求而力求将青年发展融入社会发展的希望和行动。当然，也不乏学者或借鉴或创新了一些模型来进行分析佐证，比如张良驯从多源流域理论阐述了青年政策的内容形成，认为“社会快速变迁中青年的生存和发展问题，构成了青年发展规划的问题溪流；青年发展政策的实践和建议，构成了青年发展规划的政策溪流；国民意愿、执政党意志构成了青年发展规划的政治溪流；国家治理现代化、共青团改革把问题、政策、政治溪流连接起来，开启了青年发展规划的政策之窗”。还有学者直指青年政策的本质属性，指出青年政策是公共政策的重要组成部分，也是公共政策领域研究比较薄弱的一部分，其所有文本内容最终的指向是对青年利益的诉求。不过，大多数学者普遍认同的是，将青年政策的内容概括为青年地位和作用、青年思想引导、青年学习成长、青年生活和健康、青年就业和职业发展、青年参与、青年司法保护、扶持弱势青年群体八个方面。在当代中国，由于每一项官方政策的出台背后都包含着主流价值的方向，至少在一定时期、一定区域具有深厚的政治土壤，所以，学术界对政策的解读便大多显得循规蹈矩，学术的政治规范也注定大多数论述只能在有限的框架内完成，无论这些解读有多么庞杂和多元。总之，基于中国青年政策内容解读的既有成果而言，学术界在整体的方向上基本没有争议，主要在于不同角度、不同理论和不同方法的论证。不过，这种整体的一致性也掩盖着学术界对青年政策论述的一个弱点，那就是既没有明确提出并诠释中国青年政策正确的评价尺度，更没有依据客观的尺度进行评价。

与内容解读式的阐释相辅相成，对于中国青年政策正确的结果预见式分析，可谓繁花似锦，且纷繁的论述中表面上看似乎存在较大的争议。

基于目前主要研究论述成果看，结果预见式分析显得更有深度而具参考意义，至少从政府的角度看确实如此。例如，吴庆在《国家青年发展规划执行过程中的青年因素分析》中，强调青年发展规划的特殊性在于青年发展和青年充权。其通过对最新发布的青年政策进行分析，认为带来的结果一是会促进青年在各个方面有益发展，二是将赋予青年更多的参与决策权和享受更多社会权益。楚国清则提出，青年政策将青年优先发展理念上升到了国家层面的发展战略，而青年优先发展，一是资源分配上的优先，二是次序安排上的优先。换言之，青年优先发展首先会基于教育优先，其次才是促进青年在政治、文化、社会等方面全面发展，以及社会福利向青年倾斜。张良驯则从青年政策制定的过程上进行了预测，认为中国青年政策的价值基点是“党管青年”原则，价值标准是“青年首先发展”战略思想，价值机制是“联席会议”。张梅等则对中国青年政策的发展趋势作出预测，认为广大青年在多元价值文化的冲击中长大，在青年政策的制定中，势必会坚持对青年进行正确的价值导向，动员和吸纳广大青年积极参与到改革开放和现代化建设事业中来。随着现代化建设事业的蓬勃发展和国际交流的加强，中国共产党的青年政策将朝着法制化、时代化和国际化方向发展。

二、青年发展规划的实施研究

青年发展规划的实施尚处于初级阶段、观察阶段，各级团委和相关部门正一边开展学习和落实国家青年发展规划的工作，一边或修改完善，或调研制定符合本地实际的青年发展规划，所以，开展青年发展规划的实施研究只能逐步推进，寻找实施过程中必然的规律，挖掘本质性的内容。

（一）关于青年发展规划实施的本质特征

本质上讲，中国青年发展规划的目的和联合国的2000年后的新纲领及2007年提出的相关领域的专业点有很大区别。中国青年发展规划的本质是什么？归根到底的实质和本质就是培养中国特色社会主义事业的建设者和接班人，这是有鲜明的政治目的的，这个规划是有鲜明的政治性的，甚至可以说青年发展规划的这种政治性已经超过了它的青年性。但我们一定要注意，将政治性放在第一位并不等于我们对青年的社会地位和青年需求、问题不做判断。团中央贺军科书记在做一个关于青年发展规划的讲座时提到，中国在制定青年发展规划的过程中，并不是没有对青年的年龄、问题等开展研究，而是按照中国的这种规划文本，客观上没有办法像联合国那样讲青年的社会地位、青年的需求问题等。

退一步讲，青年的社会地位是有争议的，因为中国青年志愿者协会也好，各级团校也好，一直主张要把青年当成弱势群体来看，如果你不把他们当成弱势群体的话，就会失去相关支持和保障。但从另一个角度说，青年应该是最具活力、最具发展潜力的，他们在许多方面引领着社会的发展进步，他们不应该是弱势群体。那么，为什么我们似乎无法判断青年的社会地位？有两个原因：一是我们的青年发展，不同群体的青年发展状况不一样，导致社会地位不一样；二是我们的青年观，它包括对青年的期望，青年是祖国的前途、民族的未来、科学技术创新的希望；也包括青年对发展的期望，青年是怎么看待国家、社会发展以及发展中所带来的问题的，这些都充满着复杂和不确定性。

（二）青年发展规划实施的协同参与

青年发展规划的运作机制其实具有清晰的脉络：党委领导，政府负责，群团协同，社会参与。

但在实际实施中，各级党委来领导，政府来负责设定，但没有哪个部门说我来负责设定。所以最后，共青团本来是一个参与协同的组织，却变成牵头制定这样一个规划，这会衍生出很多问题，而且这些问题并不是表面看着那么简单，背后既有政治原因，也有历史的、社会的等多方面的原因。但是基于青年发展规划本身而言，一是有比没有好，二是有一定的可操作性比没有可操作性好，三是有原则比没原则好，无论这个原则到底是出于何种价值归因，如党管青年。所以，青年发展规划对中国青年发展而言，它其实恰恰填补了中国青年政策的空白，因为政策是由三个方面来构成的，最高的当然是法律，然后是政策，然后是规定，以及其他的一些条例共同构成了这种体系。所以有了这些规划以后，政策体系就会相对完备，从而将骨架搭起来了，至于下一步怎么样，怎样持续发展，那是另一种问题。

从理论到实践有一个过程，尤其是在实践的过程中，我们首先要厘清青年发展规划与共青团的关系。青年发展规划不是共青团的规划，其并非共青团的专属自留地，正如联合国青年纲领，推行青年计划的主体一定不是青年组织，青年组织只是推动体系的一部分，其和其他组织之间仅仅是伙伴关系。但青年发展规划一定程度上又是青年的愿望以及发展的动力，从这个角度，其又恰恰是共青团的工作。那为什么共青团在做青年发展规划的研究时做不好呢？根源在于研究者没有思考问题背后的深层次的东西，更未能用现代的、科学的、严谨的、规范的方法进行研究，往往只是站在一个地方看问题，而不是走动一下换个角度去看、去思考。

其次，做好青年发展规划的实施工作，我们要处理好三个对话。第一个对话，理论工作者与具体理论对话，不能空对空，而是要深挖理论的内在意义，将理论落到具体的实践，许多学者做了多年研究，但是最终没有得到落实，这就失去了工作的意义。第二个对话，理论工作者与实际工作者进行对话，只有与实际工作者进行了充分的沟通，对实际工作有所体验，才能实现理论与工作的高度契合。第三个对话，政策制定者与受众之间对话，要加强跟团的青年面对面进行规划，政策制定者、研究者对普通青年了解多少？我们视角要转换一下，站在青年的立场来看问题和进行评价。

三、各地区青年发展规划实施的研究

伴随青年的发展及青年问题的凸显，零碎不系统的青年政策需要青年发展规划整合。改革开放以来，中国各地区先后出台了未成年人保护、预防未成年人犯罪的地方性法规，也成立了未成年人社会保护、预防青少年犯罪的跨部门协调机制。各地区经济社会发展总体规划以及其他专项规划，普遍都有相关青年发展的政策内容。在民政、司法教育等党委政府相关部门的公共政策中，普遍也有支持和保障青年发展的内容和条款。共青团系统以及政府相关部门等围绕青年发展的特定领域，编制了领域性青年发展规划，随着各地区经济社会快速发展，以及青年问题和青年工作的重要性凸显，各地区逐渐认识到出台青年发展综合性规划的必要性。

（一）中国各地区青年发展规划编制动因

中国各地区党委与政府和社会对青年发展规划的选择，以及对青年发展与社会变迁关系的共识的形成是重要动因。从革命建设、改革开放、当代社会情况变化历程中人们普遍认识到，青年团体是社会变革的推动者，改革开放需要青年也能成就青年，当代青年问题亟须关注。1840年鸦片战争之后，最先呼吁变革并付诸实践的大多是青年有识之士。1919年的五四运动，中国青年整体性历史性地登上历史舞台。从新民主主义革命到社会主义建设，中国共产党对青年群体的成功吸引以及对青年作用的有效发挥，充分证明了这是一个富有远见的政党应持的理性选择。中国经历了翻天覆地的社会变革，青年群体蕴含着塑造现实与决定未来的潜在力量。改革开放以来，青年在社会变革中发挥先行先试的先锋作用。当今时代，市场化、网络化、全球化、城市化使得青年成长的社会环境空前复杂，青年思想价值观念引导问题、青年教育问题、青年就业创业问题、青年贫困问题、青年健康问题、青年违法犯罪问题等不断出现，“青年问题社会化”与“社会问题青年化”交互影响。推进社会治理水平现代化，各地区党政领导认识到要重视青年，关心青年，系统制定青年发展政策。

（二）中国各地区青年发展规划编制基本情况

中国各地区青年发展规划编制时间和区域分布情况比较复杂，始于 2000 年，省市县均有探索，规划期一般为 5 年。如 2000 年“五四”前夕中共烟台市委、烟台市人民政府依托青少年工作委员会编制实施的《烟台市青少年事业发展纲要（2000—2005）》是中国最早明确列入政府专项规划序列的青年发展规划。从“十一五”开始，延续 50 余年的股民经济和社会发展“计划”首次转变为“规划”。从“计划”到“规划”，既体现了国家更加注重对经济社会发展的宏观调控，也体现出政府对社会发展、公共服务、生态环境等与群众切身相关的发展领域更加关注。在“十一五”到“十三五”期间，全国部分省市县陆续启动了青少年发展规划编制的探索和实践。从《中国青年发展规划的理论与实践》一书中对 50 份地方青少年发展规划文献的分析显示，截至 2017 年初，上海、北京、重庆、江苏、浙江、湖南、江西、山西、河南等省级单位，西安、武汉、哈尔滨等副省级单位和烟台、南宁、合肥、焦作、河源、丽水、阳泉、扬州、海西等以及上海的浦东新区、青浦区（含原闸北区）、普陀区、虹口区、宝山区、闵行区等辖区的地级市单位，还有浙江丽水市莲都区、浙江桐庐县、四川犍为县等县级单位，编制发布实施了本地区青少年发展规划。已经发布的地方青少年发展总体规划周期不变，为 5 年，与经济周期、政治周期更加吻合，与经济社会发展总体规划周期相一致，更具内在规律性和可实践性。情况不同的如《烟台市青少年事业发展纲要（2000—2005）》规划期为 6 年，《西安市青少年事业发展纲要（2000—2005）》规划期为 6 年，《西安市青少年事业发展规划（2014—2016）》规划期为 3 年。

（三）中国各地青年发展规划实践面临的主要问题

1. 中国各地青年发展规划年龄界定方面的问题

中国各地区青年发展规划年龄界定不一致，影响了青年发展规划作为公共政策的科学性和权威性。对 50 份地方青年发展规划文献的分析可见，除了一部分对青年作出了 14—35 岁的界定（10 份，20%），还有部分地方规划在文本中没有明确对年龄进行界定（10 份，20%），还有部分地方规划将目标群体定位于 6—35 周岁（10 份，20%）、5—34 周岁（1 份，2%）、6—34 周岁（2 份，4%）、7—35 周岁（4 份，8%）、7—40 周岁（1 份，2%）、8—45 周岁（1 份，2%）、14—40 周岁（1 份，2%）。

2. 中国各地区青年发展规划对青年发展未来走向预测难的问题

规划要对青年未来相当长的一段时期内的发展问题、趋势和特征作出科学的预测，才能准确描绘未来发展的蓝图。解决未来变量的难题，需要对青少年相关领域的发展走向进行广泛研究和深入思考。以移动互联网为代表的信息技术深度改变了青少年的生活方式，也进一步促进了经济社会结构的不断变迁，直接表现为对当代青年的价值观念、思维变量的把握，规划工作就会非常被动。另外，与社会发展相关的很多领域如产业、人口结构等的变化也深刻影响对规划未来发展目标、发展重点和瓶颈性问题的判断，预测难度无疑是比较大的。

3. 中国各地区发展规划基础数据收集统计整合难的问题

规划编制的主要业务部门还是共青团，而在前期调研和后期监测阶段，很多核心资料数据并非直接源于共青团，也并非直接源于课题组，而是通过相关职能部门配合提供的。这些数据系统庞大且涉及重新统计整合的问题，一些部门在数据提供上也会存在一些困难，导致编制过程中常常在协调、核实数据资料的过程中耗费了大量的时间精力。

4. 中国各地区青年发展规划核心指标确立难的问题

核心指标是指预期中打算达到的指数、规格、标准，是衡量目标效果的一种方法，一般用数据表示。中国各地区大多数规划由于未建立起核心指标体系，数据统计仅依靠分散在重点任务的零散数据和指标，导致监测评估时数据采集渠道不畅通，数据缺乏全面性和权威性，无法对规划进行系统的对比研究和追踪研究。

5. 中国各地区青年发展规划力量整合协调难的问题

中国绝大多数地区未能建立青年工作会议机制，各青年工作委员会机制还有很长的路要走。已经建立了联席会议机制的，大多数还不完善。与委员会制（如妇儿工委）等严密且有专人专编的制度设计不同，联席会议毕竟相对松散，政府部门的领导往往身兼很多类似议事协调机制的成员，精力有限，加上共青团协调难度大，一些分管共青团的领导同志和共青团主要负责同志调整，导致职能部门力量整合协调难。

6. 中国各地区青年发展规划落实难的问题

青年发展规划的编制也多倾注在规划的科学性、合理性上，对规划的实施却重视不够、着墨不多，缺乏具有可操作性的行动计划。规划经常被称为“纸上画画，墙上挂挂，到头来全是空话”，折射出当前规划可操作性不强的客观事实。在规划执行中，一些很好的项目却由于领导班子换届、轮岗、项目职能责任不清、监管部门未能统筹兼顾、资金保障缺失等客观原因“流产”。有些规划目标任务不明确，缺乏导向性，没有清晰的坚持评估体系，督导能力差，严重影响实施效果。

四、青年发展规划实施的有效路径探索

如果说中国青年发展规划理论研究存在短板，那么规划的实施则因为复杂的政治、社会环境而更加举步维艰。无论是国家层面的统一性青年规划，还是地方各具特色的具体措施，要想真正落地且为青年发展和社会进步提供动力，就必须从规划的制定到规划的实施和评估全程中跨越几个普遍性的栅栏。

（一）建立青年发展指标监控系统，提高规划前瞻性和预测性

开展编制工作时要对青年相关领域的发展走向进行广泛研究和深入思考，既要把握时代发展和青年发展的脉搏，又必须思考怎样让规划体现或引导的方向与宏观发展的趋势相契合。要对不同范围、不同区域内青年的发展现状、时代特征、存在问题、发展需求作出准确识别和判断。要构建青年发展指标数据监测体系，依托不同层级资源，依靠专业的社会调查统计队伍，构建起涵盖青年发展客观统计指标、主观统计指标以及相关统计指标在内的社会化监测系统。争取将青年发展的常规数据纳入社会统计序列，建立起青年发展指标常规统计数据库，形成观测青年群体动态变化的“晴雨表”、制定青少年政策法规的参照系。

构建青年发展工作跟踪管理体系，在青年工作联席会议领导下，依据相关部门职能，按照业务专管负责制的原则，谁管理，谁跟踪，建立青年发展专项工作的业务互通机制，青年工作联席会议办公室统筹协调，在业务开展中跟踪管理青年发展问题的动态变化。构建青年发展问题预防管理体系，收集整理数据信息，按时发布每年的青年发展监测评估报告、青年发展报告，并及时向社会公布。通过对监测数据的分析研判，形成对青年发展问题预警的科学预测，并在具体工作中调整政策措施，对青年发展问题进行预防式管理。要优化青年智库结构，建设专家学者、青年工作者代表和青年代表组成的智库，注重倾听民间智慧，回应青年成长需求，引导青年理性享有“知情权、参与权、表达权”，建立常态化青年调研机制，将调研成果在规划制定

过程中充分运用，转化为青年发展政策。要结合新技术，比如大数据、云计算等方式，开展对青年发展状况和趋势的研究。要壮大整合青年发展研究力量，提高研究水平，加强综合分析，增强青年发展问题研判能力，提高规划的前瞻性和预测性，建立快速反应机制。

（二）建立科学开放的发展机制，拓宽青年参与规划编制实施渠道

编制青年发展规划是一个公共决策的过程，决策的科学性和开放性是其内在要求。在青年发展规划的科学性方面，要形成“调查—研究—制定—实施—评估”的完整链条，不断增强规划工作的科学性。

要对青年发展状况进行有效监测，对发展规划实施进行有效评估，督促发展措施、制度建设、保障措施的落实，从而为未来进一步健全完善青年发展规划提供依据和参考。青年发展规划是面向青年这一特定群体的专项规划，青年作为规划成果的最终受益者，理应成为规划编制和实施的重要参与者。

在开放性方面，形成全过程的社会参与机制，使青年真正成为编制规划的“主角”。要树立青年为本理念，青年发展规划编制和实施不能“走程序”，必须坚持“开门搞规划”，在前期调研、意见征集和规划评估等多个环节对青年意见进行征询，充分聆听来自青年真实的声音，全方位把握青年发展难题和普遍诉求，把青年规划的编制、实施过程，变成民主讨论、集体协商、共同负责的过程，在规划编制中引导青年参与一起策划，在监测评估、事业发展、工作成效中广泛听取青年意见，吸引青年参与，让青年说了算，让青年真正成为青年发展规划的参与者、传播者，对各项工作任务和重点项目的完成以及相关部门的服务质量和水平进行评价、提出意见，掌握实实在在的话语权，以便找出真正反映青年意愿和切中青年痛点的事项，使规划真正成为承载和提升青年获得感的工具。

（三）建立财政支持体系，确保有益青年发展项目获得资金保障

树立规划编制指向实施的规划理念，由静态规划转变为动态规划，由目标导向转变为问题导向，从突出规划编制的路径性和地方性入手来搭建编制与实施的互馈桥梁。这是一种规划理念上的变革，即不再“就规划论规划”，而要把规划理解为一个全体系的“策划”、一场便于实施的行动，最大限度地避免纸上谈兵。一要突出路径性。按年度分解落实中长期规划，细化工作内容和行动要点，重点阐述实施路径、进度安排和过程调控，使其成为规划的

“操作指南”和“行动抓手”。二要突出地方性。地区规划不能采取“拿来主义”，忽略地方个性。要以实施落地为导向，强化规划与地方社会发展政策的有效衔接，尊重地域环境、青年特色，量体裁衣。规划的实施不仅需要依托各级各部门的职能发挥，而且需要建立规划实施情况监测评估机制，为制定和调整促进青年发展政策措施提供预判，推动规划得以最终实现。这就要求在规划的实施过程中，结合青年发展有关的统计指标体系实时跟踪监测评估，为及时调整青年发展的政策措施提供分析研判，确保规划实施的有效性。

同时要完善原有青年项目，联合相关部门研发新项目，推动青年项目获得稳定的财政支持和资金保障，建立多渠道筹措资金投入机制，创新政府购买公共服务的形式，鼓励引导社会组织、服务机构、金融机构参与支持青年发展工作。要推广先进做法和经验，在规划执行过程中充分尊重青年、基层群众和全社会的首创精神，鼓励各区域、各部门积极探索、勇于创新，创造性地实施规划。对各单位在实施规划中好的做法、有效经验、品牌特色及时总结，积极推广。动员全社会进一步关心、支持、促进青年发展事业，为青年发展创造良好社会环境和舆论氛围。

（四）建立青年工作联席会议制度，有效应对青年事务多元分散化

规划的编制与实施是整合资源、统一行动、协调事项的过程。尤其是跨界、协同是青年发展事务的鲜明特色。因此，青年发展规划是一个协同性、衔接性的规划，将分散于不同党政部门、群团组织和社会中的青年政策纳入整体性的政策框架。青年发展规划的编制和实施也必须建构跨部门通力合作的青年工作联席会议机制，完善联席会议的职能定位，强化牵头部门与协作部门之间“统筹”与“分配”的运行程序规则：一方面要整合、统筹各部门的资源，全面掌握相关部门的现实基础和发展计划；另一方面要将规划任务细化为可操作的行动、指标，明确牵头部门和协作部门各自的责任，并强化考核力度，形成能负责、可问责的完整的责任链条。

青年工作联席会议制度应常态化地动态追踪规划的编制、实施过程，做好组织、评估、修订规划的工作。建立健全规划联席会议的组织架构和制度框架，建立加强日常联络、发起专项协商、组织调研立项、优化政策保障、严格跟踪督查、密切监测评估、及时动态调整、注重青年参与等方面的制度，充分发挥联席会议平台作用。有条件的地区应探索相对严密而又有专人负责的青年工作委员会制度。

（五）编制地方特色中长期青年规划，优化青年工作环境

规划编制的过程，是系统谋划未来工作的过程，也是共青团组织与党政部门沟通工作、争取支持的过程。在规划的起草、征求意见、修改衔接和实施过程中，共青团组织要主动向党政部门介绍青年工作情况，与相关部门共同研究青年问题、制定出台青年发展政策、推动青年发展项目落地，为青年解决实际问题和困难。

按照《中长期青年发展规划（2016—2025年）》要求，全国县级以上党委和政府要建立青年工作联席会议机制，这将使共青团组织与党政部门以规划编制实施为纽带的沟通渠道制度化，有助于共青团组织进一步整合资源、创造条件，推动青年事业健康发展。通过编制实施本地区中长期青年发展规划，要形成以青年工作联席会议为核心，成员单位为团队的主体，使青年发展成为党委、政府部门共同的分内职责，极大地整合行政资源，提升服务青年的实际能力。要改变“追着青年建团”的困窘，继续依靠体系建团，建设门店站点服务青年事务实现吸引青年，建立网络信息载体直接联系青年，从而形成“青年找团组织”的新局面。要建设工作实体和网上阵地，顺应大数据时代信息化建设，实施青年事务和青年需求常态化、显性化服务。要采取“分解目标、落实责任”逐项落实规划，加大督查力度，对各责任单位目标管理量化、指标管理细化、责任管理强化，杜绝重规划编制而轻实施现象。规划的落地实施、长效实施、延续实施是规划整体工作的重要组成部分。落实规划工作必须坚持“虚功实做，难事长做”，保持“一张蓝图绘到底”的恒心韧劲，在看准、认定的主攻方向上扎扎实实打基础、持之以恒抓落实，把工作做实、做深、做透，以务实苦干保障规划中的各大工作任务和重点项目得到贯彻落实，让党政部门有获得感，让社会有获得感，让共青团有价值感，让青年有存在感、获得感和幸福感，凝聚起磅礴力量为实现中华民族伟大复兴的中国梦而努力奋斗。

总体而言，无论是青年发展规划的理论研究，还是青年发展规划的实施研究，无论是思辨的方法，还是实证的调研，且由于中国青年发展规划的工作本身起步较晚，对整个青年发展规划研究的观察只能是阶段性的，正如《中国青年发展规划的理论与实践》所言，青年发展规划的研究才刚刚开始，接下来还需要根据新的变化做内容、方向、方法的调整，青年发展规划的实施更需慎思笃行。

第四节
青春评价：中国青年政策正确评价标准探析

导 语

导语：中共中央、国务院于发布国家《中长期青年发展规划（2016—2025年）》之后，关于中国青年政策的内容、价值、实践等方面的研究成为竞相追逐的热点。但相关的论述和著作缺少对青年政策正确评价标准的探讨，国内主要的研究集中在旁征博引的内容解读式和高屋建瓴的结果预见式两条路径，且因为政治、社会、学术环境而趋于观点的微妙一致。少数关于青年政策评价标准的讨论则没有弄清楚青年政策评价和公共政策评价的区别。基于中国青年政策正确的评价缺位，研究提出青年政策与时代的契合度是重要标准，青年政策的程序正义是重要评判，能否经受实践检验是最直接的判断，有益于推动社会进步则是根本性准则，是否具备科学的保障和风险预测机制亦是重要考量，助力青年的国家认同感则是深层的价值评价六项评价标准，以期确立中国青年政策正确的基点。

近年来，青年政策的研究和解读受到学术界越来越广泛的重视，尤其是中共中央、国务院于2017年8月发布国家《中长期青年发展规划（2016—2025年）》之后，会议频频，课题林立，论著纷繁，各大主要城市都提出自己的规划方案。诚然，研究对于中国青年政策的内容、价值、实践等方面皆有广泛探讨。但是，基于学术研究的理性省察，无可讳言存在一个重要盲点：中国青年政策正确的评价标准是什么？换言之，中国青年政策是对的吗？研究者何以判断青年政策带来了诸多效益，其价值尺度在哪里，对此并没有充分的论证分析。人云亦云无疑会误导研究的主流走向，也会对青年政策的制定、传播和践行带来负面效应，需要正面予以回应。

一、中国青年政策的内容解读式和结果预见式理解

首先需要说明的是，文中所指中国青年政策正确的评价标准是指“中国青年政策正确”的评价标准，而不是“中国青年政策”正确的评价标准。同时，这里提出的“政策正确”不同于学界通常所理解的“政治正确”，“政策正确”可理解为从客观、公正、中立的角度，抛开意识形态影响，认为政策在制定的程序上符合法规，内容上契合社会需求，实施上方法科学合理，并具有风险预测防范机制和保护措施。

那么，学术界到底是在怎么评价中国青年政策？一个重要的前提是先把这些政策从浩瀚的文本中拎出来，因为“经典社会政策研究内容的划分往往以政策领域如社会保障、医疗、社会救助为限，而很少以社会群体如青少年、中年和老年为依据”。中国在过去数十年出台的有关青年的政策，大多数融入在各类社会、经济、政治、文化政策文本当中，很少发布《中长期青年发展规划（2016—2025 年）》这类具有独立性特征的青年政策。

值得注意的是，与研究中国青年政策的论文遥相呼应的，是如雨后竹笋般与青年政策相关著作的出版。各大出版社纷纷围绕社会热点推出大量青年政策类论文集或个人专著。这些著作涉及的主题和讨论的范畴与主要的论文发表内容高度契合，虽然论点上并没有太大瑕疵，但绝大多数缺乏学术含量。关键的问题是，缺少对于中国青年政策正确的衡量标准的正面阐释。

不过，中国青年政策的内容解读式和结果预见式表述，对我们正确把握中国青年政策的内涵与外延、特殊性和普适性、效果和趋势具有积极的研判作用。内容解读式论述能够让我们足够细致地去了解中国青年政策的历史发展脉络，内容的形成是基于何种政治、历史、社会、文化背景，政策所针对的青年问题是什么，政府及社会各界对于青年政策报以何种态度。结果预见式分析能够从具体而细微的角度阐述政策与青年

发展之间的关系，通过与历史上的青年政策对比能够一定程度上反映国家发展战略及青年所处的环境地位。通过与海外青年政策对比能够避免中国青年政策走错路、走弯路，可以尽量减少政策推进过程中的阻碍，通过模型的构建、逻辑的推理确实可以看到中国青年政策的问题与走向，能够给政策制定者、参与者和享受者带来益处。就中国目前的政策环境而言，无论是内容解读式还是结果预见式，都展示了中国青年政策受到社会各界越来越具分量的重视，说明青年群体的处境地位日益上升，对于推动青年乃至全社会创造价值，对于中国梦的早日实现，都有无可比拟的重要作用。

再回到中国青年政策正确讨论的本身，尽管我们能够从理解的层面肯定上述内容解读式和结果预见式探讨的正面价值，但确实应当看到，这么多的论文和专著，几乎没有人对中国青年政策正确的价值尺度或评价标准做过充分的探讨。于一些学者而言，认为存在此显性的缺陷，既有相关研究的实践进程的限制，也有我们学术研究的思维缺陷和方法论缺陷的影响。1949 年新中国成立以来，既没有独立的完整体系的青年研究学科，也没有专门的青年研究团队建设，从一开始就存在着青年研究理论准备不足的问题，这个问题长期没有得到解决，影响迄今。青年研究长期被放置于其他大类学科之下，存在被边缘化的情况，青年政策的研究更是如此，其往往归属于公共政策研究领域，却不是公共政策研究的重点。直到近年来，伴随共青团改革的推进，国家及各地青年发展规划的发布，青年政策研究才成为热点，可惜，一哄而上的青年政策研究弱在创新性思维和发散性思维，强在政治性思维和综合性思维，重视正确的导向而忽视问题的存在，偏于感悟直觉而疏于细致绵密的逻辑论证，喜欢并且善于标榜价值评判而轻视事实判断本身，在没有搞清“是什么”的情况下，就直奔“怎么样”的价值选择。这些不足就像“皇帝的新衣”一样，让人视而不见。这说明，需要很好地反省我们的学术研究思路和思维惯性。这也更加表明，我们需要很好地论析中国青年政策的评价标准的问题。否则，某些人不知所云的中国青年政策发展论，特别是程序上有违法，内容上有瑕疵，实施上有问题的挂着规划、政策、决定、讲话等帽子的所谓青年政策，势必造成国家社会的巨大损失。尤其是近年来伴随互联网发展，群众对于诸多不合时宜、啼笑皆非的青年政策，其激烈的讨论和尖锐的批评，便是明证。

二、中国青年政策正确评价与公共政策评价的讨论

自20世纪后期公共政策研究进入中国并随之成为热潮以来，无论是政府、社会还是学术界对“政策正确的评价标准”都有过细致的探讨。简单归纳起来，主要的标准有：一是法律标准，任何一项政策的制定、实施以及最后的取缔，都必须合法，换言之，如果一项政策违背了国家相关法律法规，这项政策则是无效的。二是政治标准，任何一项政策如果越过了政治的红线，毫无疑问是出不来更行不通的，这也是推进中国政策良性发展的“稳定器”，任何政策都不能脱离政治主流轨道，包括政策制定和实施的任何阶段。三是科学标准，政策的出台充满着诸多不确定因素，只有通过充分的调研准备、先行实验以及制定严密的推进步骤，做好充分的风险预案，才能使一项政策得到合理的执行，失去科学性的政策只会走向失败。四是传递标准，它主要体现在舆论的影响方面，一项政策没有得到理解，甚至产生误解，则会对一项政策产生毁灭性的影响，无论政策本身科学与否。不过，我们必须意识到这些论述讨论的只是一般意义上的“公共政策评价标准”，既不是“青年政策评价标准”，更没有延伸到“青年政策正确评价标准”，这无疑是一个显性的缺陷。“公共政策评价标准”的论者们所阐述的一系列标准，本质上包括“青年政策评价标准”的内在指向。但是，从近年来中国青年政策的推进及所产生的巨大社会影响来看，以上所阐述的标准有必要进一步拓展、挖掘和升华。

相对于一般性地讨论“公共政策评价标准”，学界也有个别人明确提出中国青年政策正确的评价标准。这些明确提出的关于中国青年政策正确的评价标准，自有其合理之处，值得认真归纳：一是从青年出发，充分讨论了中国青年政策出台最重要的是得到青年群体的认可还是社会大众的认可，这里涉及一个权重的问题，既然目标群体是青年，当然必须以青年需求为最重。但青年群体属于社会大众的一部分，满足了青年需求却引起其他大众群体不满，很可能导致政策的出台功亏一篑。从青年出发关于青年政策的评价提出的一个切入点在于受众以及与受众相关的群体，值得深入探讨。二是从政府出发，从这个角度关于青年政策的评价讨论几乎一边倒地指出政府的不作为或者乱作为，即出台相关青年政策大多不切实际，多难以持续乃至迅速夭折。未出台相关青年政策则是对青年群体的忽视，同

样会带来各界的不满和批评。这种评判或许有些偏颇，但也折射出青年政策评价已经陷入政府和群众的恶性关系循环，存在先天的负面性。三是从过程出发，论述了自上而下、自下而上以及有机推进等几种政策实施过程，认为中国青年政策实施基本上选择自上而下的方式不符合青年发展的环境和土壤需求，更不符合青年的特性和一致表达，即便再好的政策，在实施的开始便已经丢分，其评价也难以有好的局面。总体而言，关于中国青年政策的评价的论述是极少而单薄的，短时间内还难以形成影响力，个别的发声往往孤掌难鸣。

但是，面对中国青年政策评价的缺位，学术界的反应却是冷漠和滞后的，且大有将青年政策评价与公共政策评价混淆的趋向。诚然，青年政策是公共政策的一部分，但基于青年群体的特殊性，青年政策又完全不同于一般公共政策，其评价更需要抓住青年的特征，作出具有独立特性的评判。一是评价要充分考虑青年的革新特质，由于青年属于18—35岁之间的群体，这一群体不仅数量庞大，且处于人的一生中最具创造力和想象力的阶段，针对这一群体的政策不应该墨守成规，而应该极具灵活性和拓展延伸空间，基于政策的评价也应该更具包容性。二是评价要坚持青年的向上向善标准，青年政策无论如何灵活变化，无论如何鼓励青年做时代的先锋、弄潮的英雄，其评价的落脚点都应该放在有没有向上和向善两条基准。三是评价要将青年、社会、党和国家密切联系起来，青年政策不是空穴来风的独立青年政策，它应该寄托着党和国家的期待，赋予社会进步的基因，青年政策的评价同样不能与此脱离，这就需要建立一个既严密又包容开放的青年政策评价体系，它既与公共政策评价密切相关，又升华于一般的公共政策评价体系。

三、衡量中国青年政策正确的戒尺及准则

基于国家中长期青年发展规划发布以来的社会影响和舆情反馈，结合学术界及政界的相关研究成果，在弄清楚中国青年政策正确评价与公共政策评价的逻辑关系之后，综合而论，中国青年政策正确的评价标准应当包括这些方面：

（一）契合时代需求

中国青年政策的一个重要的关键词就是“青年”，而青年一直是时代发展的先锋，在新的时期，社会呼应什么，往往可以从青年群体中得到预

见。中国青年政策的制定，更需要立足当下，放眼未来，为青年发展提供资源，为社会发展创造条件，为青年安身立命提供政策环境，必须具备合宜的时代性和实践性特征。从中国公共政策制定的历史来看，一种国家政策，一个决定，一个制度，它的诞生和发展必须适应历史发展规律和时代需求，不然则往往夭折。“秦汉以降，作为学派的墨家不复存在；隋唐科举制度兴起以后，汉代的荐举贤良方正之士、魏晋的九品中正制的人才选拔制度自然消歇；辛亥革命以后，随着社会制度的革命性变革和现代学校制度的建立，科举制随之寿终正寝。”

王冠中在其文章表明从百年来党对青年思想政治工作的实际可知，因时而化是党保持对青年思想政治引领政策生机和活力的不竭之源。要做到因时而化，除始终保持党的理论创新外，还要提高青年政策水平，尤其是要增强对青年发展和社会进步的预判能力，并根据科学预判提前主动调整政策或做好相关部署。历史证明，任何公共政策，包括青年政策，要顺利出炉，要为社会接受，就必须与时代同步，“苟日新，日日新，又日新”，方能焕发强大的生命力，否则就会陷在历史的泥潭中不得自拔。关注中国青年政策的“青年价值”，重视发挥“青年价值”，是我们衡量中国青年政策正确的重要标准。

当下的时代，政治上正在推动群团改革，经济上正在深化改革开放，文化比以往任何时代都丰富多元。时代精神的核心是改革创新。我们在推动中国青年政策出台、落地的时候，必须与这个时代相契合。

（二）符合程序正义

所谓“程序正义”，实质上就是指裁判过程的公平、法律程序的正义。首先，我们必须清楚中国青年政策是如何制定出台的，这个过程是否合法合规。以《中长期青年发展规划（2016—2025 年）》为例，从出台的主体为党中央、国务院，以及所走的程序来看，这一规划是自上而下型的政策出台方式，总体上是好的，有积极的指导意义。这种方式是否最适合中国目前的政治环境和社会环境？正在接受实践检验。不过，日本在 2002 年曾经发布一项类似的青年发展规划，主要目的是解决青年“超宅”的问题，日本政府认为只要提供大量优质的岗位，就可以将青年群体从家中呼唤出来，实施方式由上而下执行，却遭到青年群体的一致不买账，甚至认为当局“不食人间烟火”，定性该青年政策为“拍脑袋”决策，青年群体的“宅”并非因为缺少岗位，而是从思想根源上不愿意出门，是一种价值的选择。同样，当前在推动《中长期青年发展规划（2016—2025年）》的过程中，我们同样要注意政策的实际效果、在基层的实用实效，可能出现一些在基层同样存在不理解、不接受的问题，好的政策福利并没有付诸实践，一系列的调研倒是给基层、给青年带来了不轻的负担。

国家层面的青年政策尚且存在不确定性，地方的青年政策则突出了更多的程序正义问题，未经法律程序直接宣布政策法规，未经调研实践直接强势落地，既没有规范的实施主体，又没有固定的实施对象，更没有有效的监督机制，这些问题或多或少存在，从而导致中国青年政策缺少最重要的评判标准之一——符合程序正义。事实上，如果一项政策能够符合程序正义，即便这项政策存在诸多问题，也可以在实践中予以纠正和转向，能够始终保持政策的权威性和可行性。

（三）经受实践检验

再好的政策在付诸实施之前仍然只是一种具有观念形态的分配方案，其效果必须经过实际的执行过程才能得以发挥，再好的政策也只有通过有效执行才能保证其目标的实现，而政策执行本身也是一个极为复杂的过程，政策执行的效果往往要受到诸多因素的影响和制约。我们衡量中国青年政策正确的评价标准，毫无疑问脱离不了实践，任何政策都必须得到实践的检验。这种检验可能是漫长的，也可能在短时间内就可以得到答案。

从国内外的经验来看，直接面向青年亟须解决的问题出台的相关政策，往往能够立竿见影，例如德国推出的“汽车旅馆计划”，短时间内就吸引了大量青年参与到创意策划中来。例如广州、杭州等地推出的青年创业计划，用减税、免费贷款、金融鼓励等方式帮助青年创新创业，短短一年时间便吸引广大青年创造数百亿的社会财富，仅广州就有数十个创新孵化基地成立，有些取得了相当有效果的成绩。毫无疑问，这种青年政策在较短的时间内便赢得了青年和社会的认可，可谓经受了实践对事物的检验。也有一些青年政策需要较长时间的检验，例如日本在20世纪推出的“青年成长计划”，为青少年提供牛奶等营养套餐，目的是提升青年群体的身体素质，这种素质的提升需要数年乃至数十年才能见到成效。又如邓小平提出的“中国的足球要从娃娃抓起”，希望通过一系列鼓励性政策推动少年足球、青年足球的发展，以最终将中国打造成足球强国，这种长远的青年政策同样不可能在短时间内见到成效。今天我们大力推动《中长期青年发展规划（2016—2025年）》的落地实施，同样需要实践的检验和历史的证明，尽管我们不可能跨越时间的维度去盖棺定论，但可以在实施的每一个环节去试点、去重复试验，去做阶段性的检验，及早地发现问题才能更好地解决问题。所以说，经受实践检验是中国青年政策正确的最直接评价标准。

（四）推动社会发展

中国青年政策正确的另一重要标准是其能否助力青年发展，推动社会发展。能则彰显其至少一定意义上的科学、正确性，不能则必然是腐朽和倒退的。从社会作用的层面评价中国青年政策的价值，不外乎横向的维度和纵向的维度。横向对比，中国针对青年的专门政策出台较晚，虽然在内容上有些方面并不如日本、德国等国家完善和细致，但后发的中国青年政策反而能够从西方国家吸收有益的政策措施和方法，并结合中国发展的实际，出台了一系列与青年相关或专门的青年政策，如未成年人保护法、婚恋交友平台建设等，切实地解决了中国特色的老大难问题，有效地推动了社会朝着好的方向发展。从纵向看，中国青年政策的历史并不深远，甚至主要是近几年才凸显出来，但青年政策在从中央到省市直至基层这一纵向线条却特征明显，按照中国的政治法则，一般是中央出台相关青年政策，地方根据实际学习落实，但实际情况则是一些政策在纵向传递过程中往往变得一定程度的面目全非，真正到达基层时，各地没有根据本地实际情况相结合，有些政策落实下来不仅不能推动社会进步，反而成了青年的负担、社会的包袱，这就需要各个基层一定要根据地方实际情况，坚持中央精神，并坚持实事求是因地制宜的基本原则。

当然，也有不少地方的青年政策充满着创新和活力，如上海出台的《上海“十二五”青年发展规划》，充分结合了上海的区域优势、历史地位以及青年的喜好特征，对青年问题对症下药，有效地解决了上海这座国际型大都市青年发展问题，极大地促进了青年的进步和社会的发展。例如《广州青年发展规划》的制定，广州团市委在出台该项政策之前也充分研究了中央的文件精神，吸收了国内主要城市及海外部分城市的优秀经验，结合了广州本地青年具体文化特征，其文本内容可谓优秀和值得借鉴。总之，青年政策无论是全国性的还是地方性的，无论是临时性的还是立法通过的，能否推动社会发展是一条根本性的准则。

（五）提供保障机制

任何一项政策的实施，都充满着不确定性，即便该项政策在研究论证的过程中毫无瑕疵。所以，中国青年政策是否具有有效的保障机制，决定着中国青年政策正确的天平倾向。具体而言，从制定的主体看，党中央、国务院为权威发布单位，“共青团是青年发展规划的制定者和政策执行的重要主体之一。由于对青年发展规划的监测评估结果会直接影响共青团的声望和工作评价，并且共青团在评价其他政府部门相关工作时，难免有顾忌，因此，由共青团单独进行规划的监测评估，评估的客观性和公信力难以保证”。也就是说，从制定和实施的主体环节开始，就应该设立内部和外部的多重监督，保证政策制定的科学性不受主体地位影响。从实施的过程看，从中央到地方直至基层，从这种金字塔形的政策传递模式看，传递过程中可能出现的政策模糊、政策替换和政策敷衍等问题，做好过程的有效监督和落实到位的保障措施，是衡量政策正确的重要参考。

除了做好政策实施环节的保障工作，另一方面还要充分考虑政策实施所带来的风险，尽管国家针对青年发展规划建立了一套完善的检测评估体系，但这种检测主要针对的是青年发展各项指标的变化，其对于舆情的反应是滞后的甚至难以体现。当前，无论是中央还是地方一些青年政策在发布后，政策的细节在具体的实践中如果处理不当，可能会导致青年群体反应激烈，造成的负面舆情极大降低了政策的权威性和公益性，导致政策实施难以为继。只有建立了有效的风险预测机制，才能够及时杜绝问题的发酵，避免“蝴蝶效应”的产生，促使青年政策在推进中不断完善，不断优化。

（六）助力青年的国家认同构建

19 世纪以来许多学者对情感的社会价值作了深入的研究，如涂尔干研究了社会框架中团结的集体情感基础，马克思对阶级社会中人们情感的疏离进行了研究，舍勒对移情作用和同情心进行了研究，齐美尔则研究了丰富多样的情绪等。情感作为社会学的研究对象，已经形成了较为成熟的研究范式和研究体系，情感被嵌入整个社会秩序、社会结构、社会行动和社会过程的框架中，并逐渐成为社会学理论中的一个核心概念。在当下市场经济大潮涌动之际，社会面临着复合性的转型升级，这种不可逆的大趋势，让身处其中的青年也随之共振，并接受着时代巨变的洗礼，尤其是受到西方文化的影响，青年的问题从简单转向复杂，青年的选择从单一变成多元，面对国际国内多重的发展困境，以及不断加速的发展创新，又无形中对现实产生了多维度的迷离。当前青年“亚文化”的存在自有其合理性，它对年轻人的巨大影响是显而易见的，不管这种影响是正面的还是负面的，都不能被简单地视而不见或者粗暴地制止，而应该积极引导、充分利用它在价值认同方面的作用，以促进当代青年的国家认同建构，加之法律的日臻完善，道德的群情拱卫，物质的直接表达，情感的冷暖自知，都让青年发展这一社会关切产生巨大变量，同时又映射出这个时代的标志性符号。当今世界正经历着百年未有之大变局，新冠肺炎疫情的全球大流行更是带来许多不可预见的变化，中国面临着极其复杂的国内国际局势，能否让新时代青年增强国家认同，有使命和有担当，自觉自愿地投身于中华民族的伟大复兴，便成为考验当前青年政策是否成功的“试金石”。我们不得不承认，青年群体的国家认同感有待于进一步加强，要全方位加强青年舆论和政治引导，加强青年对国家的认识，积极参与社会实践，形成政治自觉，爱党爱国，自觉同党中央保持高度一致。中国《中长期青年发展规划（2016—2025 年）》发布之后，除了帮助青年在各方面健康成长、迅速发展之外，一个非常重要的指标应该是助力青年对党和国家的认同。

事实上，中国青年政策正确和青年对国家认同感提升是相向而行的，一项好的政策无疑可以提升青年对政府的信任，加大对党和国家的认同。而一项失败的政策或者实施失败的政策则会导致青年群体的反感和脱离，认为国家不了解青年的发展实际和青年自身迫切需求，所推行的青年政策可能完全是“一纸空谈”。值得注意的是，国家推行相关的青年政策，听取青年群体指向明确的批评，可凝聚青年，提升青年的认同感。可以说，助力国家认同感是评价中国青年政策正确的一项深层指标，其重要性不言而喻。

四、结语

综上而言，中国青年政策正确的评价标准并不是随意的，而是有着内在的价值理念的引领，有着互为关联相辅相成的思想逻辑。其间，青年政策的内容解读和结果预测是基础，中国青年政策与公共政策的区分是挖掘问题的前提，青年政策与时代的契合度是重要标准，青年政策的程序正义是重要评判，能否经受实践检验是最直接的判断，有益于推动社会进步则是根本性准则，是否具备科学的保障和风险预测机制亦是重要考量，助力青年的国家认同感则是深层的价值评价。

从实践操作的角度看，本文提出的衡量中国青年政策正确的六项主要标准，只是一个可供讨论并且有可能进一步研究完善的思路维度，并不是要完全符合六项标准的才是正确的。实际上，完全符合六项标准固然很好，但也很难。从发展的视角看问题，其实只要在政策的制定、实施和反馈的闭环中一直坚持严格按标准推进，即便在各个环节中会存在或大或小的瑕疵，也可以不断完善，并最终促使政策朝向更加完美的方向发展。

第三章

海外青年政策比较与借鉴

第一节
青春认同：海外国家认同青年政策研究

导 语

国家认同是一个系统工程，也是一个历史的发展过程，更是一个实践的创新过程。当然，每个国家的国情不同，意味着每一个国家实施国家认同的基本策略和运行机制具有特殊性。然而，这种特殊性绝非独立于普遍性之外，这不排斥对其他国家认同基本策略和运行机制的学习借鉴。基于对英国、美国、日本、印度、新加坡等世界典型国家实施国家认同的基本策略和运行机制的梳理，发现增强青年对国家认同的实施机制海外经验可以归纳为几个关键词：入心、入教、入制和入俗。这些经验对于增强中国青年尤其是港澳台地区青年对国家的认同有借鉴意义。

从全球国家发展中青年对国家认同的态势看，可以划分为欧美发达国家、东亚和东南亚地区国家以及新兴国家和典型地区几个类别。基于建国历史和地区冲突以及经济、文化、宗教等方面的原因，不同的国家和地区为增强青年国家认同所实施的策略特征分明，欧美国家较具代表性的国家为英国、美国和德国，东亚和东南亚地区凸出的代表则可以关注日本、印度和朝鲜，新兴国家和典型地区则更具现代性，我们重点关注新加坡。这些国家和地区在增强青年国家认同的路径和实施机制方面颇具特色，值得分析探讨和比较借鉴。

一、以英国、美国等为代表的欧美国家的经验和做法

欧美发达国家在构建现代国家认同方面进行了一个比较长的探索和完善过程，积累了丰富的国家认同教育成功的经验，一些好的做法值得我们借鉴学习，一些教训也值得我们反思，不断去改进，为新时代增强青年国家认同提供合理的参考。

（一）英国国家认同的举措与启示

多元文化社会已成为当今世界普遍存在的社会现实，同时也不断冲击着统一的国家身份认同。英国全称大不列颠及北爱尔兰联合王国，是主要由英格兰人、威尔士人、苏格兰人、北爱尔兰人组成的多民族国家，是一个典型的多元文化社会。在联合王国构建的历史进程中，以“不列颠”这一国家身份和民族历史的共享符号整合各民族，实现了整个王国的身份认同。二战后，苏格兰、北爱尔兰等各民族的自我认同不断强化，对“不列颠”这一国家认同形成巨大挑战，造成重大冲击。

1. 实施宪政改革维持国家合法性

维持国家的稳定统一，可以依靠制度的完善、利益的妥协，或是残酷的镇压，英国面对国家分化的挑战，选择了宪政改革，推进权力下放，即将权力从威斯敏斯特议会和中央政府分散到各地方议会、政府的纵向放权行为，允许相关方在一定程度上进行自治，从而增强国家的合法性。当国家自身足够强大，共同利益基础足够稳固，国家认同建构相对容易、稳固，民族矛盾就会相对缓和，历史上的英国就是如此。但是，随着各地经济、政治的不断发展，英国各民族要求民族独立、民族自治的呼声越来越强。对此，英国开启了保持国家完整性的改革道路。英国针对不同地区，特别是地区青年群体先后采取了相应的举措，对于苏格兰，1978 年通过了《苏格兰法》，明确苏格兰地方议会成立的条件，其中规定只要满足 40% 公民赞成便可成立，随后 1998 年的《苏格兰法案》《贝尔法斯特协议》等法案的出台和地方议会的设立，进一步巩固了国家的合法性。

2. 改进利益机制缓和社会矛盾

英国各民族地区独立意识不断增强，独立运动威胁日益凸显，为了缓和社会矛盾，英国政府同样采取了相应的举措。对于苏格兰，英国政府

采取一系列扶持政策，为了加快“苏格兰硅谷”的经济发展，采取增加投资、实施优惠税收政策、增加文化活动拨款等一揽子政策，从而拉动青年就业，凸显对苏格兰文化的重视，增强苏格兰对英国的认同。对于北爱尔兰，天主教徒与新教徒之间存在着深刻的宗教矛盾，特别是英国对天主教徒的歧视政策，更加激化了天主教徒与新教徒之间的矛盾，甚至发展为爱尔兰共和军等以军事暴力来对抗结构性暴力的情况。为了缓和天主教徒与新教徒之间的宗教矛盾，强化天主教徒对英国的政治认同，英国和北爱尔兰共同先后制定了一系列涵盖社会生活众多方面的规定，如1998年签署《北爱尔兰和平协议》，这一协议确立了北爱尔兰宗教宽容政策的法律依据，明确从政治、经济、社会上一切依据宗教划分人群的歧视性政策和行为都是违法的。之后，英国社会开展了一些反对宗教冲突的活动，比如教会发起“和平与和解组织”活动，宗教领袖出版关于宗教和解的书籍。英国政府也于2001年出台“共同未来”方案，来调和北爱尔兰地区不同信仰群体间的关系，创办招收不同信仰学生的联合学校，改善宗教关系，避免各自教会主导下教育系统的分裂，其目标群体的重要方向便是青年。通过以上措施，使一直处于弱势地位的天主教徒难以形成不列颠认同的状况得以改善。

3. 推行公民教育构建政治文化

英国是一个具有独特历史传统和政治体系的多元文化国家，在这样一个多元文化社会，面对英国青年人参与社会活动及政治的冷漠态度的问题逐步凸显，加强公民教育，构建国家民主政治文化认同，显得尤为重要。英国推行公民教育，构建国家政治文化认同，主要是教育未来的公民积极参与民主社会，注重提高公民的民主素质和能力，而对公民教育在加强国家身份认同方面的指导则相对较为弱化。英国各地区出于各自在政治上的优先考量，使得各地区推行的公民教育在提升国家身份认同方面所凸显的侧重点各不相同，具体体现在对国家身份认同教育的地位、取向、内容、方式等方面存在明显的差异，英格兰注重政治参与和公民身份认同，苏格兰强调独立的公民文化，威尔士突出威尔士文化身份的认同，北爱尔兰重视冲突的解决和人权。这样一来，英国公民教育无法形成合力，未能实现培育统一国家身份认同的目的，反而强化了各地区公民是英格兰人、苏格兰人、威尔士人或北爱尔兰人的意识，使得对各地区的认同超过了对自己是英国人的认同，对自己种族和所在地区的忠诚超过了对英国这个国家的忠诚。英国这种忽视对英国这个统一国家身份的认同的公民教育，未能有效构建形成强化国家认同的共同政治文化，导致英国国家身份认同的削弱，弱化了作为整体性的英国公民身份认同的巩固。

（二）美国国家认同的举措与经验

美国是一个建国历史不久，拥有多种族、多民族的新生移民国家，除了少数原住民之外，人口的绝大部分来自移民。种族、民族的差异，必然在文化、宗教等各方面具有显著的差异性，必然导致身份认同的多样性。如何使这些不同肤色、不同文化、不同宗教信仰的移民建立起对美国国家的认同，是一个艰巨而富有挑战性的任务。美国建国以来，为了构建统一稳定的国家认同，主要采取了以下措施：

1. 以“联邦制”确立国家结构形式

美国是一个新生的国家，确立美国国家认同必须建立在一个完整的国家主体之上，这经历了一个较长历史发展过程。英属美洲殖民地人民在经过一段时间的生活后，逐渐产生美洲独特性意识，在 1763 年后特别是独立战争期间逐渐演变成与英国分离的思想，一种自觉的美洲认同开始萌芽。《独立宣言》的出台标志着殖民地对英国认同的瓦解，但并不意味着一个独立美利坚民族国家的形成，直到 1787 年，美国制宪会议通过了《联邦宪法》，确立了国家结构形式为联邦制，开创了美国式的民主政体。1787 年，考虑到不同区域不同移民的结构特征，以州为单位确立了对美利坚的国家认同。为了将这一原则持续下去，美国联邦法律、各州的地方法律都在条例上做了明确的规定和约束，国家认同感在事实上得到加强。但这些法规建立的基础是维护以个体为单位的美国人，对种族、民族、宗教的群体性差异有所忽略，从而也埋下了隐患。

2. 以“民族政策”整合国家认同

美国为了更好地构建多种族、多民族的国家建构，实现各种族、民族对国家的认同，自独立以来不断调整国家的民族政策，重点针对青年群体实施。美国获得独立发展至今，只有 200 多年的历史，但是，为了更好适应多种族、多民族国家建构的需要，不断调整本国的民族政策。美国的民族政策经历了种族灭绝、强制同化和多元文化主义三个阶段。美国独立之后，为了不断拓展疆域，对印第安人等土著民族进行疯狂屠杀，实施血淋淋的种族灭绝政策。随着新生美国的不断发展，世界各地的移民源源不断地涌入，面对大量的外来移民青年，如何增强这些人对美国的认同，就成为摆在美国政府面前的重大课题。为了塑造外来移民的“美国特性”，美国强力推行文化同化政策，要求外来移民必须放弃本民族的传统习俗与文化，强制其接受以英语为基础的白裔文化，即所谓的“盎格鲁－撒克逊”文化，后来同化政策逐渐演变成“熔炉政策”。这种以“熔炉”为代表的民族政策遭到各民族群体的强烈反抗，最典型当数20世纪60年代的黑人“民权运动”，对美国政府形成巨大压力。为了适应形势的发展，多元文化主义政策应运而生，该政策承认美国存在多种族构成、多文化差异等基本国情，抛弃以往的文化强制同化政策，承认和尊重不同族裔的美国人对传统文化的认同和保持。目前，多元文化主义已经成为美国处理民族问题的基本原则之一，这一原则的实行，对于增强美国国家认同具有非常重要的作用。

3. 以“美国信念”树立共同价值

“美国信念”是一个不断建构的过程，美国国家认同的建构大致经历了两个阶段。一方面，共同的历史经验以及在这一经验基础上产生的共同的文化，即新英格兰的历史经验和13个殖民地人民共同的革命经历，这对于脱离英国，实现美洲独特性认同，最后建立美国，起到了重要的奠基作用。新英格兰历史和革命经历一脉相承，成为美国人所谓的“共同的历史经验”，并通过教育手段、媒体和公民政治社会化过程成为构建美利坚国家认同的强有力的因素。另一方面，美国适时提出“美国信念”，强化对共同的政治价值观和理想的信奉，其具体内容体现为《独立宣言》和宪法所确立的基本原则，包括“个人的尊严，人人平等，人人皆有不可剥夺的自由权利，公正，机会均等”，后来发展成为一整套普世的思想和原则：自由、平等、民主、立宪主义、个人主义等，以及体现这一思想和原则的政治和社会制度，并以此确立了“美国梦”。因此，美国获得独立后，使得源源不断的移民涌入美国“寻梦”。美国通过美国化运动使移民逐渐融入主流文化，更重要的则是把是否认同普世性的美国自由主义政治原则和政治理想作为美国身份的主要标志，到美国后只要恪守“美国信念”就可以成为美国人。美国通过各种途径和方式不断灌输“美国信念”，树立整个美国共同价值理念，坚定了他们作为美国人的自信心，强化了美国人的国家认同。从美国独立后200多年以来，在这样一个多种族、多民族的国家实施国家认同建构的整个历史过程，对于实现美国国家认同建构是成功的，而且总体趋势是好的，有力地维护了美国的国家统一和社会稳定，但是，美国政策对于美国国家认同的建构并非十全十美，比如种族问题就是一个重大挑战，但无论如何，对于一个新生的移民国家来说能做到这一步实属不易，具有重要的参考价值。

事实上，欧美国家大多经历了增强国民尤其是青年的国家认同工作，除英国和美国之外，德国、法国、瑞典等国家也比较典型和突出，在意识形态、法治制度等路径之外，有一些创新的内容和形式也值得关注，如德国推崇的“青年历史观”极大提升了青少年对国家的认可度，法国推行的“青春纪念册”通过引导青少年群体近距离了解马其诺防线、诺曼底登陆等具有国家意义的实景故事，影响了一批又一批青少年投身国家建设。瑞典则将国家认同与城市认同紧密结合在一起，将国家认同融入青少年对祖国山河风景的热爱之中，产生了良好的示范作用。

二、以日本、印度等为代表的东亚和东南亚国家的经验和做法

东亚和东南亚国家与中国地处相邻，其中日本和印度在国家认同方面的经验和做法具有典型性，这些国家在构建国家认同、增强国家认同上所进行的探索，它们的成功经验以及教训，对于我们增强国家认同更具有参考意义。

（一）日本国家认同的举措与经验

日本的民族构成较为单一，但是，其国家认同的构建却依然经历了一个十分漫长的过程。战后日本经过国家认同的努力构建，提高了日本民众对国家的认同度，增强了日本社会的凝聚力，形成了一个相对较为稳定的社会秩序。深入研究日本国家认同的基本策略、运行机制和构建特点，了解日本社会稳定发展的现状，深刻分析其原因，准确把握日本国家发展走势，具有重要现实意义。

1. 构建以“天皇”为中心的认同体系

日本由“百余国”到“三十国”再到大和政权的建立，无疑是一个由分散到统一的历史的进步。为了支撑国家政权的稳固，日本开始寻求构筑国家统一体的国民认知的方法，就是构建以“天皇”为中心的认同体系。在这一过程中“氏神”作为氏人最高的精神权威，首先被统治阶级所关注。就这样，天皇皇室势力开始收集和编撰各氏族的氏神传说，并将其他

氏族的氏神和自身的祖先神“天照大神”进行联系，并将“天照大神”塑造为主神形象，以此形成有利于天皇皇室自身统治的神话体系。从早期的大和政权、大化改新到近代的明治维新，日本政府都在塑造着统一、神圣的天皇身份以及国家认同。早期的日本国家认同教育就是基于一种同宗的理念，并通过观念上的同一化，进而实现了整个社会的统一。日本通过天皇等象征物，并利用国家工具自上而下地推动了日本民族国家的构建，构建了独具日本特色的国家认同体系，使得日本各氏族之间产生了以“天皇”为中心的凝聚力，形成了日本特有的民族精神。但是，日本政府这种国家一统的构建仅仅是针对国民中的一部分而进行的，另一部分群体，如少数民族，虽然在名义上也在接受着“天照大神”一样的教育，但是在实际中，这一群体却很少能获得平等、公平的教育。换句话说，他们要么是被排除在外，要么就必须接受同化和改造。如冲绳，日本自吞并琉球王国到二战后接管冲绳县，对于如何加强琉球民族（冲绳人）的国家认同，始终推行的是同化政策，强行改琉球名为冲绳县，严禁在广播和教育现场讲琉球语，试图隔断冲绳人的历史文化记忆。琉球民族（冲绳人）在整个民族认同的历史过程中，完全是“被冲绳”“被日本”“被认同”的过程。

2. 强化国家意识的认同教育

二战后，日本通过“天皇制”所建立起来的国家和民族认同受到了前所未有的冲击，这种冲击伴随着世界范围内少数民族主义权利意识的觉醒，加速了日本国家认同教育理念的嬗变。日本国民已经开始将“国家”置于“天皇”之上，就国民节日而言，也从原先的“天皇崇拜”为核心的节日体系转向了“主权在民”为核心的节日体系，现代社会的通信技术、交通工具以及人类社会的知识积累已经实现了一个很大的跨越，人与人之间的距离、人对事物的认识，特别是人对于“利益的识别”已经超越了之前的所有时代，特别是“利益识别”的能力，它使得个体、群体可以真正地找到自己的依归，而非盲目地去寻求一种中介性质的、虚幻的物质。这种去“中介性”的转变使得日本国民必须去建立人与人之间的、人与国家之间的直接的联系，否则，日本的国家认同就将出现危机。在这一过程中，一个突出的例子就是1989年所进行的教育改革，其中强调作为国家衍生品的国歌和国旗在入学典礼和毕业仪式中的重要意义，同时，也强调应该使学生具有国民的意识，尊重日本的传统和文化，以此使得学生能够以日本国民，而非天皇子民的思维去进行思考和行动。因此，日本国家认同教育模式转向了直接的国家认同，即直接地对目的进行确认。同时，逐渐转向更多地关注本土、本国公民，更多的本土化使得政府、民众必须去认清自我的定位，更好地实现自主发展。日本开始有意地摆脱完全的西化教育、美式教育，而开展了以日本为核心，以日本本国发展为目的的全新教育发展战略，其整个教育发展战略的目的已经十分明确，就是要实现日本高等教育的国际化，同时要改变以前跟随的状态，进而引领全球高等教育的发展。这种转变正是日本重塑国家形象的生动体现，成为新时期日本国家认同构建的新型能源。

3. 注重国家文明体侧面的建构

日本在建构国家文明体侧面的过程中将自身的独特性和文化的极优性放在非常重要的位置，同时还充分利用了天皇的作用，内向求同更加深入，重点寻求战后日本海洋国家认同的架构。一方面吸取战争失败的教训，另一方面加强传统文化的集体记忆，通过民族文化来促进民族复兴，美丽日本、强日本等概念相继风靡全国，不断挖掘民族历史中有利于日本的自信心和荣誉感的内容。“但与之并行的则是带来了民族情绪，乃至出现了日本普通民众的历史认识与右派政治家开始趋同的态势。尤其近些年以对抗中国为目的的海洋国家认同建构，更是蕴含着诸多在亚洲地区制造事端的风险。”

（二）印度国家认同的努力与经验

印度是一个多元文化特征突出，历史上分裂时期远远多于统一时期的国家，自建立民族独立国家以来长期面临构建国家认同的挑战，经过半个多世纪的努力，印度国家认同逐渐内化于民众之心。在探究印度较成功确立国家认同的经验时，印度的国家认同教育受到瞩目，有不少值得借鉴的经验与教训。

1. 推行世俗主义，强化国家权力

印度这个国家非常复杂，种族、民族、部族众多，宗教盛行，缺乏“大一统”的政治历史基础和现实政治能力，构建中央统一集权的国家难度非常大。退而求其次，印度实行的是联邦制。印度联邦政府积极推行去宗教化运动，削弱宗教的影响，强化国家世俗权力，增强国家认同。一是实施政教分离。印度联邦强调世俗主义，主张政府应超越各种宗教，不断强化政府的世俗权力，削弱宗教对国民政策制定的影响，明确各教派组织只能从事宗教事务，而不能介入政治，干预政府决策。二是塑造国民精神。印度联邦试图以民主、自由、平等、公正、科学、理性等西方所谓“普世价值”来改造印度的传统国民精神体系，塑造全新的印度国家认同。三是反对教派主义。印度联邦主张各宗教一律平等，试图以中立态度、平等地对待所有宗教，处理宗教事务。四是给予政策倾斜。印度联邦针对印度教落后种姓和社会落后群体穆斯林的现状，给予落后种姓和宗教少数以特殊照顾，在公职、就业、接受教育等方面给予他们以特殊对待。

2. 实行民族主义，塑造统一民族

对于联邦制国家，塑造统一民族的国家认同显得尤为重要，为了降低多民族文化认同倾向，强化统一国家认同，印度联邦强调国家一体化，灌输统一国家理念，塑造统一民族和国家文化的认同。1947 年印度独立后，国大党利用执政党所掌握的权力和资源，在印度推行民主政体，将民族主义与西方民主政治相结合，推行强硬的民族政策，印度宪法承认印度存在文化、语言、宗教、种姓和阶级等方面的差异，却不承认民族差异。印度实行的是“一个国家，一个民族”的政策，试图建立一个统一或单一的“印度民族”国家。虽然印度政府对本国存在的民族问题持否认态度，但却不得不承认作为多民族国家，必须推动积极有效的民族政策，以实现国家民族的完整统一，最为典型的则是对少数民族中的落后阶层的凝聚，其制定了明确的法律法规，对少数民族中落后群体的优待很大程度上加强了国家和民族认同，削弱了分裂群体的力量。

3. 实施国语计划，增强统一认同

印度是一个多语言的国家，建国后，印度政府试图推动印地语国语化，最终以失败告终，于是，印度在宪法中明确规定，将英语确立为官方语言，印地语确立为国语，孟加拉语等十多种小语种可以作为地方城邦的官方语言，并承认少数民族地区的语言、文化保留和发展的权利，明确了语言的平等地位。为了形成统一民族和国家文化，实现语言平等权与统一文化认同构建方面的平衡。本质上看，印度政府在语言上采取了中庸之策，所有的民族都可以在语言上产生交集，“三种语言方案”照顾到了大多数人，而逐步落地的“印度普通话”也顺利推广，印地语在不断加强并形成认同感，“印度联邦不仅把印地语作为在校学生的必修课程，而且将其融入日常生活，潜移默化地渗入国民意识之中。依靠语言的国语化，以语言一体实现统一国家认同，这对于多语言的印度来说，无疑是一项复杂的系统工程，是需要智慧的”。

4. 推进认同教育，提升文化认同

在印度这样一个多文化、多民族、多种族和多语言的统一国家认同相对较低的国家，实现统一国家认同构建并非一件易事，为提升统一国家认同，印度联邦推进的国家认同教育呈现出其独特内容、方法和经验。一是规定认同教育的刚性目标和任务。印度联邦通过立法，刚性规范认同教育和爱国主义教育的内容，为教育机构落实爱国主义和国家统一认同教育提供法律化的刚性制度支撑，把学生培养成为一个合格的为社会和国家服务的好公民。二是构建国家统一认同教育的有效机制。印度联邦通过设置一系列的基础教育课程进行国情与爱国教育，使每一个公民更加全面和深刻地认识国家，增强国家统一认同重要性的教育感知。三是运用国家认同教育的各种资源。印度联邦一方面运用大国主义思想催生印度民众统一国家的自豪感、荣誉感和使命感，以大国主义精神推动印度统一国家文化认同的构建；另一方面运用人人笃信宗教的国家、宗教渗透到世俗生活这一丰富的宗教资源，以宗教为载体进行统一认同教育，充分挖掘印度传统道德资源，将传统文化价值观一直贯穿于印度的价值教育之中，全力倡导与弘扬同印度文化相关的国家价值观，规范学校包括统一国家认同的德育教育内容，打造具有统一国家认同的公民。

除了在语言文化上推出新政之外，印度在政治上也大张旗鼓推进改革，加快实施议会民主制、选举制、多党制等对印度的民主氛围营造确实带来了较好的效果，民众的政治参与度空前提升，国家和民族认同感也迅速得到巩固。但印度这一系列举措大多是照搬西方模式，在触及深层次问题时明显有水土不服的弊病，尤其是民族政策的不完善导致后期民族问题日益突出，助长了少数民族的分裂情绪，以及相关政策落实不到位，事实上不平等问题严重，给印度国家认同带来巨大隐患。

东亚和东南亚地区国家大多经历了西方殖民主义的侵害，虽然国家历史悠久，但在近代史上重新走向独立却历经劫难，再加上近年来西方文化的入侵，青年的国家认同不容乐观，日本和印度作为两个具有不同发展背景的国家，各具特色，东南亚一系列国家所推出的机制策略都可以从中找到些许影子。不过，值得关注的是处于东亚一隅的朝鲜，其青年国家认同感非常高，而其实施的机制则特别注重国家崇拜和伟人崇拜，且这种崇拜极具宗教信仰的特色，经过数十年的培育几乎形成一套完整的信仰崇拜体系，并配以严苛的管教体系，实施效果显著，值得关注和思考。

三、以新加坡等为代表的新兴国家和典型地区的经验和做法

新加坡是一个种族、语言、文化错综复杂的典型的多元性质的移民国家，就是这样一个国家，却很好地实现了多民族混居、多民族共学、多民族共进的新加坡共同体建构，成为全世界解决多民族国家认同问题的典范。新加坡国家认同的成功经验，得益于其根据自己的国情，与时俱进，不断完善和发展国家认同的基本策略和运行机制，实现国家认同的构建模式由“制度认同”向“文化认同”、动力机制由“外生”向“内生”、价值理念由“共存”向“一体”的嬗变。这种基本策略于我们构建国家认同而言有着重要的借鉴价值。

（一）构建国家认同的合理模式

新加坡独立后，选择的国家建构模式是“以制度认同为主，文化认同为辅”的模式，强调“制度认同”的建构策略，所谓制度认同模式，就是国民基于对现有的政治、经济、文化和社会制度的认可，进而产生的对整个国家认可认同的建构模式。新加坡建国之初，由于历史上英国殖民者长期实施“分而治之”的策略以及日本侵略者的从中挑拨，导致不同群体之间矛盾重重，再加上新生移民国家缺少一种共同历史记忆，也就是共同的文化、共同的历史等认同感相对淡薄，使得新加坡难以形成有效认同的国家共同体，无法通过文化认同来实现国家认同的构建。因此，新加坡国家认同构建初期，采取“制度认同”的基本策略，并通过这一策略相对成功地实现了国内种族的和谐、宗教的宽容、社会的稳定以及经济的腾飞。新加坡政府所设计的“制度认同”体系所包含的政策措施涉及社会生活的各个方面，如宪政制度、语言政策、宗教政策、混居组屋计划、社会群众组织管理、基层管理、节日安排，等等。这一举措的核心灵魂便在于制度的构建和完善，对相关主体进行科学合理的利益分配，减少个体的不满足和不公平感，增强各个利益团体的获得感，从而实现民众对当下政治、经济、社会的认同，从而逐步加强民众对国家的认同感。但这种认同存在的一个弊病在于过度依赖利益输送和分配，当利益发生倾斜，当制度并不能完全平衡的时候，制度认同便变得非常脆弱，民众的认同感也随之土崩瓦解，尤其是新加坡在后期发展乏力时，这种问题尤为突出。针对认同危

机，新加坡政府迅速推出文化认同战略，以复兴东方文化，确立新加坡价值体系为考量，提出“以文化认同为主，制度认同为辅”的国家认同新模式。文化认同更多强调新加坡应该拥有属于新加坡民众的文化记忆和国家记忆，新加坡的价值体系具有自身的优越性。在经历了一段时间的发展以及在“制度认同”的持续助力之下，新加坡经济社会发展的腾飞，成为新加坡民众共同的历史记忆，不同种族之间日益宽容、理解，容易达成共识，为实施“以文化认同为主，制度认同为辅”的国家认同模式奠定了坚实的基础，新加坡政府适时采取一系列相关措施，进一步强化国家认同，而青年群体则是整套措施的关键目标。

此外，新加坡立足于形成“新加坡人”的国家认同意识，增强国家认同感和民族凝聚力，积极确立和弘扬本国核心价值，构建共同的国家认同，国内基本实现了各种族和谐共处、各宗教宽容共生的社会和谐状态。一是强化共同价值，提出国家至上，社会优先，家庭为主，和谐共处。二是独辟蹊径宣扬东方文化的复兴，确立新加坡人的价值和地位。三是强化国家认同的教育，在学生群体中特别提出了“一个民族，一个国家，一个新加坡”的口号，明确“我是一个新加坡人”的国家意识，同时发布了《理想的教育结果》，把培育青少年的爱国主义情操作为新加坡教育的首要目标。

（二）创新国家认同的动力机制

新加坡建国之初，基于“以制度认同为主，文化认同为辅”所构建的国家认同模式，以一系列的相关制度安排相配套，一个全方位、立体式的国家认同构建网络得以构造。新加坡政府主要采取了以下措施：一是实施混合组屋计划。新加坡政府利用行政手段将各种族居民的原住地进行拆分，解决新加坡独立建国后存在的严重的“屋荒”问题，并通过组屋计划将各种族人群进行混合安置，打破了世代以来以种族、宗教、血缘、语言为基础的自然社区，使核心家庭成为社会的基本单位，从而消除各种族之间存在的隔阂，缓和民族间的紧张关系，化解彼此的冲突、矛盾。二是实施多语与双语并行的语言政策。新加坡政府根据本国国情，制定了以马来语为国语，重视英语，平等对待各种族语言的语言政策，推动英语的普及化，这些措施建立起国家认同的语言基础，使各种族人民能够运用非本民族语言进行交流，消除了各种族的语言隔阂，促进了彼此间的有效交流，使彼此间能够更好地理解、交流与交融。三是建立民主政治制度。新加坡政府采取了多种措施保证各种族利益能够得到充分表达和实现，从而平衡国内各种族之间的力量，满足各方主体的利益要求。一方面，新加坡通过立法保障各种族的基本利益，另一方面，在政府雇员和国会议员结构中推动各种族成员数量平衡。这种通过制度安排所构建的国家认同过程，主要依靠政府外力的强大推动，确实取得了不错的效果。伴随着“制度认同”模式的衰落和“文化认同”的兴起，新加坡国家认同构建中的动力机制发生了转换，即由传统主要依靠外力推动的认同转变为主要依托个体内心意愿驱动的认同。新加坡通过近 30 年的发展，创造了“新加坡奇迹”“亚洲四小龙”等举世瞩目的成就，使得新加坡国民与新加坡政府获得了共同奋斗、共享荣耀的宝贵历史记忆，这一共同历史记忆使得新加坡国民可以内生国家认同感，这也就是我们所谓的“内力自生国家认同”的开始。于是，新加坡政府开始转向了构建“我是新加坡人”“新加坡价值观”的内力自生的国家认同动力模式，为了实现这一转变，新加坡政府积极宣扬新加坡精神、新加坡价值观等传统文化，复活东方文化传统和价值元素，为构建内生性的国家认同提供了动力。值得注意的是，内生性的动力虽然已经成为新加坡国家认同构建的主导力量，但不能忽略制度认同等外力推动，必须依靠相应的制度支持，两者共同协力，才能更好地实现国家认同的构建。

类似典型的国家还有朝鲜以及中国台湾地区、以色列地区等。尤其是以色列在经历颠沛流离的一段悲惨历史之后，从建国之初便倍感国之于家的意义，所以，以色列虽然没有明显的增强青年国家认同的政策措施，但其一直以来所渲染的历史环境、地区环境、政治环境乃至战争环境便将浓厚的国家意识贯穿于生活、工作的方方面面，更重要的是以色列特别重视在海外的同宗同族意识，并不断通过经济和科技影响力增强国家的凝聚力和召唤力，这些长效的机制都值得探讨和借鉴。

四、总结与反思

尽管不同的国家和地区在增强青年国家认同的实施机制方面措施不同，手段不一，实施的效果不尽相同，但是殊途同归，在目标和方向上高度一致，从纷繁复杂的具体实施机制中可以归纳出几个关键词：入心、入教、入制和入俗。

入心即紧紧抓住国民心态尤其是青年意志。群体心态和意志的形成往往具有深厚的历史渊源和现实基础，国家在制定提升青年国家认同的机制时，不同的国家会基于不同的国家、社会背景去实施。入心最重要的两个方向在于价值培育和经济支撑。在主流价值的培育方面，西方发达国家一直推崇西方式的民主和自由意志，并将这种价值贯穿于国家发展的所有经脉，以规范国民行为。而亚洲发展中国家则更倾向于培育个人意识必须服从“家国”意识，推崇集体主义，将国家摆在第一位。国民的获得感的基础在于经济支撑，大多数国家主要通过强调“平衡”来维系国民的凝聚力，通过提升整体经济能力来获得民心支持，并尝试让国民铭记现在比过去任何时候都要好，未来将变得更加美好。入教即将国家认同融入国民教育体系。百年大计，教育为本，虽然各个国家的教育内容和方式不同，但在培养青少年对国家的认同感方面，教育的本质相同，各个国家会根据本国的历史发展和所处的国际环境，采取适合的教育平台和手段全面地对受教育者进行思想和意识形态的引导和灌输，实现教育潜移默化的作用。入制即在各级制度建设方面充分规范国家认同意识，几乎所有的国家都会建立一系列的国家制度和规范，甚至法律法规。这些制度除了引导普通的国民热爱国家之外，更重要的功能是对不具认同感的群体进行规范及惩戒，促使大多数国民向国家看齐，以减少个别群体和局部地域的骚乱。入俗则是将国家认同与民风民俗融于一体，各个国家和地区风俗人情不同，宗教信仰相差甚远，各个国家会将对国家的认同感通过一些仪式、歌曲、舞蹈以及地名的确立、故事的创造等融入风土人情，尤其是对宗教发展的方向引导对国家认同的影响力较大，引导风俗人情是影响力最为广泛的一种手段。

所以，对于增强中国内地和港澳台地区青年国家认同的实施机制而言，不同国家或地区成功的制度和措施毫无疑问提供了一些技术性的参考，而这些机制措施背后的特征和内涵才是最值得深思和借鉴的内容，只有真正了解一个国家或地区的青年群体所思所想，摸清楚这些青年群体所处的国内环境和国际环境，对所制定和实施的具体机制有充分的调研准备和科学的风险预测，才算真正介入到增强青年国家认同这一神圣工作之中。

第二节

青春他山：海外中国共产党青年工作研究

导　语

海外中国共产党青年工作研究是一个小众领域，研究动因从简单的青年运动观察逐渐上升到对中国共产党全球战略的思考。建党一百周年以来，海外中国共产党青年工作研究历经媒介观察、学界评价和政界热议三大阶段，每个阶段所关注青年工作的视角和内容皆有所不同。尽管海外中国共产党青年工作的研究具有明显的零散性和随附性，但总体而言仍然聚焦中国共产党与青年的关系、中国共产党的青年政策、中国共产党的青年教育以及中国共产党的青年服务四个维度。可惜，这些研究和评价多以西方价值体系为评判标准，建立在自身利益基础之上，有脱离实证调研的趋势，且喜欢关注中国青年发展中的小众问题。

中国共产党自成立以来便重视青年，并在波澜壮阔的历史长河里不断完善和提升青年工作，为党和国家的发展壮大奠定了坚实的青年基础。回顾建党一百年以来的历史，无论是抗日战争还是解放战争的胜利，无论是新民主主义革命还是社会主义革命和建设的成功，无论是改革开放的锐意进取还是新世纪中国科技的超越和领先，都离不开中国共产党正确的青年工作所带来的青年先锋队作用。党的十八大以来，党中央更加重视党的青年工作及其成效，建设、制定、出台了《中长期青年发展规划（2016—2025年）》等一系列标志性、引领性、关键性的青年政策与发展规划，涵盖青年成长、学习、就业创业、婚恋、健康等方方面面，并从中央到地方因地制宜地形成了青年工作创新体系。在海外人士看来，这些显性的以及一些隐性的青年工作举措充分体现了中国共产党治国理政的特色和规律。因此，一些学者试图对这些青年工作进行挖掘和评判，寻找中国共产党青年工作与中国共产党以及中国的发展壮大之间的内在逻辑关系，揭示其与西方资本主义政党的本质区别，并试图探索这一全球最大政党的青年工作将给世界带来何种启示与影响。海外学者的研究对于我们在新的征程中跨分化认识党的青年工作，以及进一步提升青年工作成效具有积极的意义。

一、海外中国共产党青年工作的缘起和进程

青年是一个国家和民族创新发展的关键力量，百年来一代代中国青年所作出的努力及取得的成果让世界刮目相看。海外学界虽然没有将中国青年作为专项的研究议题，但在研究中国社会、经济、文化等时全方位聚焦青年视角，特别是海外对中国共产党的专题研究文献中，青年工作更是其中凸显的关键词，且研究的整体态势正朝着专业化、精细化的方向发展。

（一）研究动因：从评价中国青年运动到解码中国青年精神

新中国成立前，海外学者最初关注的主要是那个时代轰轰烈烈的青年运动，特别是五四运动爆发之后，中国青年受到的关注度显著提升，但主要以媒体记者和政客为主，他们首先是对中国青年大规模的运动导致的当时中国的政治走向密切关注，对运动是否会对经济造成破坏、对政府形成冲击，是否会影响欧美国家在中国的利益进行种种预测。不过，伴随中国共产党出现在国际视野，海外的研究则开始有所转变，开始探讨中国青年追求爱国主义、科学民主的精神，认为“中国的青年运动影响了中国共产党的诞生和发展，而中国共产党对青年的影响也是全方位的”。

新中国成立之后，海外人士更加将中国青年的发展动态与中国共产党的政策方针紧密结合在一起，认为中国能够推翻“三座大山”，赢得抗日战争和解放战争的胜利，青年群体这一有生力量是关键，而赢得青年群体的恰恰是中国共产党。因此，探讨中国共产党的青年工作成为海外研究中国共产党的重要视角。主要包括：其一，对中国共产党的重要文

献、论述中关于青年工作的内容进行梳理。其二，对中国共产党的青年政策、法规进行分析。其三，对中国共产党对青年的各级教育内容和导向进行探讨。其四，对中国青年的政治思潮及发展方向进行专题研究。海外政客、学者希望通过解码中国青年内在精神的形成来解构中国共产党的执政方法论。

（二）研究历程：海外中国共产党青年工作研究的三个阶段

海外对中国共产党的青年工作的研究总体呈现出由冷到热，由媒介到政界和学界，由“附带性”研究到专题化研究的趋势和特征。根据研究态势大体可以划分为三个阶段。

一是媒介观察阶段。这一阶段跨度为 20 世纪上半叶。这一时期的中国内外交困，动荡不安，大规模的青年运动引起海外广泛的关注，中国共产党对青年的影响则还算不上工作层面，更没有形成方法论，海外的研究主体主要是媒介记者和评论家。1922 年，英国评论家皮尔斯的《东方青年的选择》非常尖锐地提出“中国政府或许已经无法解决青年的诉求，因为他们的诉求在挑战现有的秩序”。1931 年，《泰晤士报》则刊发评论《共产主义在中国的蔓延》，认为“东方大国的两个政党正在激烈的角逐中，无论是合作还是竞争，胜利的关键是青年的倒向，而从这个角度看，国民政府似乎没有掌控局势”。1938 年 7 月，瑞士摄影记者沃特・博斯哈德奔赴延安后连续刊发了 8 篇有关报道，对中国共产党引导青年工作、铸造青年精神进行了高度评价。美国著名记者埃德加・斯诺在《红星照耀中国》一书中对中国共产党倡导的事业给予了充分报道，其中对中国青年的发展是重要内容。作家拉奇曼指出，“《红星照耀中国》首次向全世界刻画了共产党的重要人物，描述了中国青年生活方式、信念和目的”。1940 年，美联社记者爱泼斯坦在《中国未完成的革命》一书写道：“在抗日的另一个战场，中国共产党正在用他们的方式凝聚青年生力军，这是中国赢得胜利的重要力量。”1944 年 6 月，西方媒体发起的“延安考察记者团”抵达延安，他们争相把在陕北的所见所闻发回国内媒体，其中中国青年是主要的图景。可以说，这个阶段海外中国共产党的青年工作研究还是浅层次的、观察式的描述。

二是学界评价阶段。这一阶段的跨度为 20 世纪下半叶及 21 世纪初，正处于新中国成立后大力加强青年工作，改革开放后鼓励青年解放思想、创新创业的时期，中国共产党如何引导青年在社会主义发展道路上不断取得世界瞩目的成绩，成为海外学界讨论的热点，并深入研究中国共产党青年工作的内容，探讨中国青年发展的方向。1967 年，Doak Barnett 的代表作《共产党中国的干部、官僚政治与政权》从官僚主义视角分析了中国共产党的青年政策，以及在既有体制下探索青年发展的路径。1988 年，麦克・奥森伯格撰写的《中国的政策制定：领导、结构和进程》尝试对中国共产党党内组织化下的青年工作进行探讨，认为中国青年思想受经济发展影响，开始走向多元。1987 年，约翰・P. 伯恩斯（John P. Burns）对中国青年在党内的发展路径进行了探讨，认为中国共产党党内制度为青年工作开展提供了较好的规范。进入 21 世纪，美国学者费正清于 2006 年出版了《剑桥中华人民共和国史（1949—1965）》。2007 年，日本学者泉谷阳子全面回顾了中国共产党在新中国成立初期开展青年群众工作的方法、路径和机制。此外，2007 年，美国学者毕克韦等著《对中国的干扰：反官僚主义与社会主义的失败》，2008 年，加拿大杰里米 – 布朗著《胜利的困难：早期的中华人民共和国》都对中国共产党的青年工作进行了探讨。总体而言，这一时期的学者关注点相对分散，但对中国共产党的青年工作评价相对比较客观，也有许多政策得到肯定。

三是政界热议阶段。这一阶段主要跨度为近 10 年，特别是 2012 年党的十八大召开以后，海外大批政客及政学双栖学者对中国共产党的青年工作进行了关注和讨论。2012 年，美国国务卿基辛格的《论中国》是这一时期的代表作，其对中国的政治哲学进行了深入分析，并在同中国领导人的对话中折射了中国共产党青年工作的远见。罗伯特・库恩所著《中国领导人是如何思考的》一书中，中国领导人关于青年发展的思维得以解读，并认为中国青年将影响世界未来。这个时期，海外特别关注中国发展背后的原因，并开始回过头看新中国成立以来治国理政的方法论，在《毛式经济学：为什么中国的共产主义者经营的资本主义比我们好》中，作者指出，中国共产党的经济模式中很重要的一部分是推动青年参与到社会建设中来。在《探索中国发展模式：超越北京共识》一书中，作者除了分析中国特殊的经济、政治、法律因素外，提及青年作为重要的社会因素，分析了中国共产党的青年政策。在《美国能向中国学习什么：化敌为师的指导手册》一书中，作者对青年在政治体制中的发展路径及发展规划给予了较高评价，并批评了美国政党对青年发展的漠视。《2020：中国未来十年》一书则从中国共产党及领导阶层等多个不同视角向读者展示了中国共产党的青年工作先进性。总体而言，党的十八大召开以后的十年，海外学界、政界对中国共产党青年工作的研究尽管仍然是在大的中国研究体系中的“点缀”，但明显走向集中化和专业化，海外各界越来越重视对中国共产党的研究，而青年工作是重要组成部分。

二、海外中国共产党青年工作研究的理论聚焦

在海外中国共产党青年工作研究领域，无论是媒介、政界还是学界的研究内容和方向，大体可以归纳出四个维度，从这些研究维度里可以看到不少有价值的研究成果。

（一）关于中国共产党和青年关系的维度

中国共产党作为一个党派，其和青年群体是一种什么关系，海外学者一直存在争论。西方国家大多数是通过在政府部门中设立青年工作组，或者直接成立青年工作部来实现执政党与青年的互动。但中国共产党所呈现的政治艺术却完全不同，中国共产党与青年的纽带主要是共青团，共青团是专门开展青年工作的群团组织。不同于西方国家青年工作以项目为单位，具有临时性特征，常常因财务预算的调整而变化，中国共青团的青年工作有清晰的目标、完整的体系，在工作内容和方法上有严格的遵循，即便是青年工作项目的开展也具有持续性特征，于共青团而言，青年工作项目属于主责业务。“认识中国共产党在青年工作方面的突出优势，首先必须认识共青团的功能作用，其为前者提供后备军，本质上是否可以称之为代理人？”戴维斯等在描述中国共产党开展青年工作的方法时强调，共青团和共产党几乎是同一历史时期产生，它们有着天然的亲密关系，父子抑或兄弟？这些都不重要，关键是共青团正在充当共产党的代理人角色，这种角色较之西方的青年工作部门有着无可比拟的政治优势。也有一些学者强调中国共产党与青年关系的分层分类特征，认为中国共产党在青年成长的每一个阶段都在不断选拔优秀的人才“为我所用”，例如科雷认为中国共产党的青年工作模式带来了必然的青年阶层分化，这种分化带来了青年离散的危机。此外，还有些学者从公共资源的

角度分析了中国共产党与青年的关系，如日本的学者康美那子指出，由于中国共产党在国家资源上占据绝对的控制权，这种依附关系很大程度上构成了中国共产党和青年的发展关系。有些观点对我们有一定的借鉴研究价值，有些可以置之不理。

（二）关于中国共产党青年政策的维度

中国共产党每一项政策制度的出台几乎都会引起海外媒体的热议，但事实上，自中国共产党诞生之日起，专门的青年政策其实并不多，大多数维护青年权益、推动青年发展的政策制度都嵌入在有关经济、社会、文化等重要领域的政策当中。所以，无论是媒介还是政界、学界，对中国共产党青年政策的讨论放在重要的位置，也显得有些零散，归纳起来大概涵括两个层面：一是认为中国共产党的青年政策比较落后，无论是专业性还是覆盖面都无法与西方国家比拟，这一观点的基础是源于美国学者费尼在《中国青年政策法规简述》中对找不到完整的中国共产党青年政策文献所作的论断，并引起不少学者的共鸣。虽然有失偏颇，但折射出中国共产党建党一百年来在青年领域政策法规方面的一定程度的滞后。二是认为中国共产党的青年政策在事实上已经转化为具体的青年工作，这一观点的代表人物是日本的佐藤诚三郎等东亚学者，他们指出中国共产党开展青年工作的枢纽是共青团，各级共青团根据各地工作实际，不断在创新实践各类工作项目，这些项目、方案乃至制度的实施本质上即是西方国家的青年工作政策，只不过，从规范性和连贯性方面有所缺陷而已。严格来说，这两个维度都有其片面性，没有将中国共产党开展青年工作作为一个完整的体系来观察和研究，略感可惜。

（三）关于中国共产党的青年教育的维度

青年教育是中国共产党开展青年工作最重要的平台之一，海外学者自关注中国共产党始便特别注重对中国青年教育模式的分析，但不像国内学者喜欢将中西方教育进行比较，海外学者更执着于中国共产党青年教育的影响力。可以从两个阶段进行探讨。第一阶段是对中国共产党建立的青少年教育体制的评价，主流观点认为中国青少年教育的基本框架主要来自西方国家先进的教育理念，特别融合了英国、日本等国家一些先进的做法，同时受到香港特别行政区教育模式的影响，总体评价较为正面。如我罗斯学者契科夫在《论中国教育的走向》中便直言不讳，青少年教育是西方国家意识形态战略主攻的要害，很明显，中国共产党感受到了危机，但传统的教育模式、内容与方法并不能化解危机，某种教育一旦形成，很难再拒绝。不过，对中国共产党强化民族文化的教育理念更多的是客观看待。德国学者大卫批评西方国家对待中国青少年教育有失公允，认为任何一个国家都应该传承优秀传统文化，而且大多数国家一直在这么做，中国共产党对青少年教育的引导完全可以理解。第二阶段则主要针对中国共产党在海外投资建设教育机构、学校，特别是对孔子学院的蓬勃发展进行讨论。这一阶段的评价总体趋于不理性，且多以政客、媒介的宣传为主，认为中国共产党针对青年的影响力正在增加，而孔子学院等所谓的教育机构本质上带有浓重的政治色彩。如特朗普作为美国总统，仍然将孔子学院作为政治攻击对象，大肆渲染政治危机。无论是哪个阶段，海外学者对中国共产党的青少年教育政策总体缺乏了解，大多基于自身文化经验，难以真正做到客观、完整的评价。

（四）关于中国共产党青年服务的维度

在海外学者看来，做好青年服务是一个国家、一个政党能够生存、发展、执政的重要前提之一。中国共产党历经百年风雨，青年始终紧紧围绕在党的周围发挥先锋队和生力军的作用，特别是改革开放以来，伴随社会经济发展，青年思想越发多元化，青年的诉求也日益多元，中国共产党是如何做好青年服务的，其中的方法论有什么特别之处？海外学者对这一维度的关注度越来越高。首先是对服务内容的关注，美国学者凯尔文认为，中国共产党开展青年服务项目出发点很简单，即解决问题，但这种方法有时候会顾此失彼，青年发展带来的问题并非同质，而是因群体和环境的变化而不同，“灭火式”的工作方式显然过于被动。而加拿大学者科伦则指出，中国共产党正在对青年服务项目进行顶层设计，不仅仅是针对中国青年的发展诉求，更加在面向世界青年发展的道路上进行积极的制度设计和项目实施。还有一些政客非常关注中国共产党开展青年服务的目的，强调所有的项目、内容最终的目标在于服务政党政治，甚至指责中国共产党开展的青年服务工作在于安抚青年群体，防止青年运动的爆发。也有一些学者对中西青年服务项目的内容和效果进行比较研究，认为西方国家如德国、英国在青年服务方面更加成熟，无论是技术上还是内容上都有更加成

熟的框架。但中国开展青年服务也有自身的优势，如在经费、人力、场地等方面有更多的政府资源可以调配，而西方国家常常因为经费原因导致项目的停滞。总体而言，海外学者所聚焦的中国共产党青年服务维度的研究还处于点到为止的层面，且常常被扭曲和误解，既不深入，也同样缺乏系统全面的调查。

三、对海外中国共产党青年工作研究的评价

中国共产党在百年历史浪潮中的起伏，以及对全世界历史进程的影响，在海外媒体、学界和政界中已经成为一个经典的研究案例。中国共产党治国理政的理念、框架和风格不仅与西方国家截然不同，也与马克思主义、列宁主义所设计的政党有所区别，“他适应了这个时代的发展并朝着更好的方向在前进，他极具中国特色的政治发展轨迹为比较政治研究开辟了一个全新的研究方向”。海外中国共产党的研究正在走向爆发期，并且已经衍生出许多专业化的领域，旨在将中国共产党进行全方位抽丝剥茧式分析。在这些专业化的研究领域中，中国共产党的青年工作是一个非常小的触角，却是最有价值的研究构成之一。回顾一百年来海外对中国共产党青年工作的“研究史”，总体呈现出四个明显特征。

其一，始终以西方价值体系为评判标准。无论是评价中国青年运动本身，还是对中国共产党青年工作的内容和成效进行分析，以欧美为主的海外国家学者所有的研究成果都建立在西方价值体系之上，用西方所谓的普世观讨论中国共产党的青年工作，是不客观。西方在共同价值的方向上可以看到客观的内容，如探讨中国共产党在反法西斯战斗中引导中国青年所作出的努力基本上符合事实。但当中国共产党的青年工作触碰到西方价值脆弱的环节时，则会遭到不公平的猛烈抨击，完全失去研究的客观性。如对中国推出的世界青年交流项目“一带一路”发展中所涉及的青年共同发展，很难得到西方学界，特别是政界客观的分析评判，甚至有一些恶意的攻击。其二，利益成为研究解读方向的重要因素。任何政策、项目、举措的落地实施，从不同角度进行分析解读，完全可以从中读出截然不同的意思。海外学者在解读中国共产党的青年工作时，有褒有贬，有大篇幅就事论事，也有指左而言右。这些研究者大多会从本国的利益出发，对不利因素进行抨击，对有利内容进行赞许和倡导，具有明显的利益导向。不过，

也有部分研究者会比较客观地从全球利益的角度进行分析和解读，认为中国共产党在青年工作领域所作出的努力值得肯定，不应该用狭隘的眼光看待日益开放的中国。其三，主观臆断逐渐凌驾于实证调研之上。没有调查就没有发言权，早在抗日战争和解放战争时期，以欧美为主的海外国家对中国的报道便非常重视实证调研，多次派出观察团、媒体团赴延安、上海等地进行零距离访谈，尽管这些访谈资料有限，但凸显了科学研究方法的重要性，相关的研究和评论也更有价值。可惜，这种科学调研的传统正在削弱，特别是近年来，通过新闻报道乃至个别记者捏造的事实进行评判几乎已经成为西方政界和媒介的通病。如英国媒体对新疆青年“阴间滤镜”式的研究和报道便是典型的主观臆断。一些连中国土地都未曾踏足的研究者对中国共产党青年工作的评论更是毫无根据、不堪一击。海外中国共产党研究，特别是青年工作研究亟须纠正基本的方法论。其四，热衷于关注青年工作中的小众问题。没有任何一个国家、一个政党能够对所有的问题处理得完美无缺，特别是青年工作的开展更因为青年问题的多元性而难以在短时间内令所有人满意。但部分海外学者在探讨中国共产党青年工作效果时，喜欢将小众问题扩大化，将个别案例放大为全局问题来分析和报道，甚至有些政客利用极小部分青年对中国共产党进行攻击，西方媒体对部分香港青年非法集会的分析和评论便是典型的案例，为了对中国共产党进行抹黑和攻击，海外有些研究和报道完全失去公正和客观性，如同样对严重的美国国会受冲击事件的分析，整个媒介的分析一边倒似的偏向于美国当局，充分体现了某些国家利用中国小众的青年问题在做“抹黑中国”的政治文章。

当然，作为对海外中国共产党青年工作研究的回顾，必须认识到一个客观事实，大多数海外学者其实具有很好的科学精神，但毕竟身处异域，难以全面掌握客观、真实的材料，更难以从中国政党治理出发深刻理解中国共产党青年工作的真正运作逻辑，这些导致其研究难免出现先入为主的情况，出现大的偏差便也不足为奇。因此，我们要加强对党的青年工作的国际宣传与传播，加快中国话语，特别是青年话语的国际转换，让海外更好地认识、理解我们党的青年工作，了解中国青年发展的远景和目标。这样才能让我们更好地为中国话语体系建设争取窗口周期，更好地向世界讲好中国故事，传播青年声音。

总体而言，随着中国深化改革的推进，以及中国共产党青年工作的不断向纵深发展，海外学界对这一领域的关注正在从零碎走向集中，从业余走向专业，从而将进一步增强对中国共产党的了解。2017 年 12 月举行的中国共产党与世界政党高层对话会开幕式上，习近平总书记说道："应该凝聚不同民族、不同信仰、不同文化、不同地域人民的共识，共襄构建人类命运共同体的伟业。"所以，对于国内党史研究和青年研究领域而言，掌握海外研究动向有利于从跨文化的角度丰富我们自身对党的青年工作的研究，也有助于我们根据海外研究的进展，探索与国际研究学者的交流与合作，既有利于海外中国共产党青年工作研究水平的提升，也有利于国内学者在这一领域更加精准把握研究和建设的方向与重点。必须看到，在国际视野下审视我们党的青年工作，对实现党的青年工作体系创新构建，更好地把握实现"两个一百年"奋斗目标中青年生力军作用，具有十分重要的意义。

参考文献

[1]孙柏瑛．公民参与形式的类型及其适用性分析［J］．中国人民大学学报，2005（5）．

[2]谭毅．《中长期青年发展规划（2016—2025年）》的政策学解读［J］．中国青年研究，2017（9）．

[3]赵勇．制定国家青年政策的国际经验［J］．中国青年政治学院学报，2000（5）．

[4]张良驯．多源流理论视域下青年发展规划的政策议程研究［J］．中国青年研究，2017（9）．

[5]张良驯．中国青年政策的创新发展［M］．北京：中国青年出版社，2015.

[6]吴庆．国家青年发展规划执行过程中的青年因素分析［J］．青年探索，2017（4）．

[7]楚国清．我国青年政策的发展脉络与未来思考［J］．北京青年研究，2017（3）．

[8]张良驯．中国青年政策的价值分析［J］．青年探索，2017（4）．

[9]张梅，谭群英．中国共产党90年青年政策的变迁［J］．武汉理工大学学报，2012（2）．

[10]李宗桂．衡量中国传统文化“优秀”的标准［N］．北京日报，2017-09-25（19）．

[11]汪慧．青年政策制定的科学性与有效性［J］．当代青年研究，2002（5）．

[12]杨守建．青年发展规划的监测评估研究［J］．中国青年研究，2017（9）．

[13]沈杰．中国青年发展的分析框架及其测量指标［J］．北京青年研究，2017（2）．

[14]谭毅．中长期青年发展规划（2016—2025）的政策学解读［J］．中国青年研究，2017（9）．

[15] 张良驯 . 多源流理论视域下青年发展规划的政策议程研究 [J] . 中国青年研究，2017（9）.

[16] 赵晶 . 我国青年学生集群政治行为的心理研究 [D] . 上海：复旦大学，2009.

[17] 赵红勋 . 微传播语境下青年群体的媒介行为与心理分析 [J] . 当代青年研究，2017（1）.

[18] 李巍霞 . 青年群体微政治心理的媒介干预研究 [D] . 南昌：江西师范大学，2016.

[19] 张林 ."微时代" 青年政治社会化的嬗变及规制 [J] . 当代青年研究，2016（1）.

[20] 肖峰，窦畅宇 . 青年的网络行为特征及其伦理导引 [J] . 中国青年社会科学，2016（4）.

[21] 张良驯 . 中国青年政策的价值分析 [J] . 青年探索，2017（4）.

[22] 吴庆 . 制约共青团发展的思维定式研究 [J] . 青年探索，2017（4）.

[23] 任剑涛 . 价值隐匿与知识扭曲：留美政治学博士对民主的拒斥 [EB/OL] . http://m.aisixiang.com/data/51718-2.html.

[24] 莫斯卡 . 政治科学要义 [M] . 上海：上海世纪出版集团，2005.

[25] 陈占彪 ."说" 还是 "不说" ——当代知识分子公共言说之窘 [J] . 民主与科学，2006（03）.

[26] [法] 朱利安・班达 . 知识分子的背叛 [M] . 佘碧平，译 . 上海：上海世纪出版集团，2005.

[27] 杨亭 . 中国知识分子在后现代性语境中的文化空间 [J] . 山西师大学报（社会科学版），2006（06）.

[28] 左高山 . 论暴力的意蕴 [J] . 中南大学学报（社会科学版），2005（06）.

[29] 左高山 . 论拉斯韦尔的精英理论 [J] . 中南大学学报（社会科学版），2004（10）.

[30] 谢素军 . 穗港澳青年参与社会团体的比较研究 [J] . 北京青年研究，2017（03）.

[31] Christian Sorace.The Communist Party's Miracle? The Alchemy of Turning Post-Disaster Reconstruction into Great Leap Development [J] .Comparative Politics, Vol.47, No.4, 2015.

[32] Robert Lawrence Kuhn. How China's Leaders Think [J] .Wiley, 2011.

[33] Sebastian Heilmann and Elizabeth Perry. Mao's Invisible Hand: The Political

Foundations of Adaptive Governance in China［J］.Harvard University Asia Center, 2011.

［34］S. Philip Hsu, Yu-Shan Wu and Suisheng Zhao. In Search of China's Development Model: Beyond the Beijing Consensus［J］.Routledge, 2011.

［35］June Teufel Dreyer. China's Political System: Modernization and Tradition［J］. Prentice Hall, 2011.

［36］Ezra Vogel. Deng Xiaoping and the Transformation of China［J］.Belknap Press of Harvard University Press, 2011.

［37］Kerry Brown. Ballot Box China: Grassroots Democracy in the Final Major One Party State［J］.Zed Books, 2011.

［38］Ann Lee. What the U.S. Can Learn from China［J］.Berrett-Koehler Publishers, 2012.

［39］Ann Florini, Lai Hairong and Yeling Tan. China experiments: From Local Innovations to National Reform［J］.Brookings Institution Press, 2012.

［40］Kerry Brown. Hu Jintao: China's Silent Ruler［J］.World Scientific Publishing Company, 2012.

［41］Alexander V. Pantsov and Steven I Levine. Mao: The Real Story［J］.Simon & Schuster, 2012.

［42］赵超.海外学界论中国共产党的自我革新与提高［J］.国外理论动态，2019（09）.

［43］周文华.国外学者关于毛泽东与邓小平的比较研究［J］.国外理论动态，2014（04）.

［44］杜鸿林，王其辉.国外学界关于中国共产党执政研究述论［J］.天津行政学院学报，2013（02）.

［45］韩强.国外对中国共产党建设的研究述评［J］. 马克思主义研究，2012（09）.

［46］罗德里克·麦克法夸尔.海外学者视野中的中国模式与中国研究——对话罗德里克·麦克法夸尔［J］. 国外理论动态，2016（02）.

［47］杨帅.美国《国家生物防御战略》解读［J］.中华灾害救援医学，2019（01）.

［48］King, G, Murray, C. J. Rethinking human security［J］.Political Science, 2001.

［49］Carlisle Keith, Gruby Rebecca L. Polycentric Systems of Governance:A Theoretical Model for the Commons［J］.Policy Studies Journal, 2019.

[50] 郭太生 . 美国公共安全危机事件应急管理研究 [J]. 中国人民公安大学学报，2003（06）.

[51] 吴月 . 美国公共安全管理政策的内在逻辑及其变迁机制研究 [J]. 政法学刊，2011（02）.

[52] 张秀娟 . 关于英国 14 世纪危机问题的新探讨 [J]. 珞珈史苑，2017（01）.

[53] 贾江涛 . 法国应对突发公共安全事件的先进经验 [N]. 中国信息报，2011-09-05.

[54] 崔景旭 . 俄罗斯联邦内务部社会公共安全机构概述 [J]. 公安研究，1995（03）.

[55] 任续 . 日本公共安全管理的探索和实践 [N]. 中国信息报，2011-09-05.

[56] 王钰航 . 以色列突发事件响应机制研究——以恩德培事件为例 [D]. 西安：西北大学，2017.

[57] 曹惠民 . 治理现代化视角下的城市公共安全风险治理研究 [J]. 湖北大学学报（哲学社会科学版），2020（01）.

[58] 金伟琼 . 青年学的提出与探索 [J]. 中国青年社会科学，2019（4）.

[59] 刘佳 . 在政治与知识之间：共青团学科化发展的进程、格局与重构 [J]. 青年发展论坛，2016（03）.

[60] 徐纬光 . 现代中国政治话语的范式转换——以中国共产党为考察对象 [D]. 上海：复旦大学，2006.

[61] 陆毅龙 . “80 后”“90 后”青年的思想特征 [J]. 人民论坛，2018（8）.

[62] 闫翠娟 . 从“亚文化”到“后亚文化”：青年亚文化研究范式的嬗变与转换 [J]. 云南社会科学，2019（7）.

[63] 胡献忠，等 . 新时代青年学科建构与“青年在场”[J]. 中国青年研究，2018（12）.

[64] 马梦思 . 五四精神对当代青年成长成才的启示 [J]. 内蒙古师范大学学报（社会科学版），2019（8）.

[65] 谢素军 . 青年政治心理、政治行为与青年政策的逻辑关系实证研究 [J]. 青年发展论坛，2018（03）.

[66] 廉思 . 城市快递小哥群体的风险压力及疏解对策研究——基于北京市的实证分析 [J]. 青年探索，2019（6）.

[67] 项军，刘飞 . 特大城市青年房租客的结构、境遇与心态 [J]. 中国青年研究，2021（9）.

[68] 胡小武.从“垮掉的一代”到“逆行英雄”:90后青年在抗击新冠肺炎疫情中的群体镜像研究[J].中国青年研究，2020(5).

[69] 廉思.“尼特族”的群体特征及行为动机研究[J].人民论坛，2021(1).

[70] 黄霞.情感表达与精神健康：一项关于单亲青少年的实证分析[J].中国青年研究，2021(8).

[71] 代玉启，李济沅.“小镇做题家”现象的透视与解析[J].中国青年研究，2021(7).

[72] 钱周伟.“80/90后”官员腐败：类型、成因及治理——基于72个样本的实证研究与分析[J].山东青年政治学院学报，2019(6).

[73] 邢海燕，周立民.青年新归侨的国家认同及其代际比较[J].青年探索，2021(6).

[74] 许加明.从互补到互斥:“凤凰男”和“孔雀女”爱情与婚姻的异化[J].青年探索，2019(6).

[75] 蒋平谭，秋缘.网游情缘：一种新型恋爱模式的社会学分析[J].青年探索，2019(5).

[76] 谢建社，陈妍洁，陈沛琪.迈进城镇新一代青少年社会化问题研究[J].青年探索，2019(6).

[77] 李正新.高校大学生参军入伍的动因和行动逻辑研究[J].青年探索，2021(5).

[78] 朱赫.大学生的“颜值”认知与预期收入[J].青年研究，2021(3).

[79] 马苗苗，刘济良.“短视频热”影响下的青少年价值观教育及其建构[J].青年探索，2020(1).

[80] 黄裕.手游场域中思政仪式的建构及应用启示[J].青年探索，2021(4).

[81] 陶志欢.青年“群体性孤独”现象的审思与调适[J].中国青年社会科学，2020(5).

[82] 于桐月，崔忠洲.“90后”大学生的年龄焦虑：媒体建构与社会预期的分析与解读[J].青年探索，2020(1).

[83] 韩怀珠，韩志伟.从“底层文化资本”到“底层的文化资本”——基于布尔迪厄场域理论的分析[J].中国青年研究，2021(3).

[84] 刘迎迎.城市空间场域下青年亚文化视觉形象[J].中国青年研究，2019(2).

[85] 陈晨.熬夜：青年的时间嵌入与脱嵌[J].中国青年研究，2021(8).

[86] 汪明磊 . 互动仪式链视角下电竞用户文化研究——以英雄联盟粉丝为例［ J ］. 当代青年研究，2021（ 4 ）.

[87] 刘斌志，何冰冰 . 计划行为理论视角下规范直播行为意向的影响因素研究——基于北京市网络主播群体的实证分析［ J ］. 青年学报，2019（ 3 ）.

[88] 刘斌志，何冰冰 . 主体性视域下青少年不良 PUA 的操控机制与社会工作介入策略［ J ］. 青年发展论坛，2020（ 6 ）.

[89] 华耀国 . 突出政治属性 推进少先队改革创新——基于《中共中央关于全面加强新时代少先队工作的意见》的分析［ J ］. 广东青年研究，2021（ 3 ）.

[90] 陶志欢，华莉莉，闫东方 . 中学生思想政治素质现状、问题和建议——基于上海 23983 份样本的调查结果［ J ］. 青少年研究与实践，2021（ 2 ）.

[91] 张剑，卫晓君 . 时代价值维度的新时代青年责任担当探寻［ J ］. 中学政治教学参考，2021（ 32 ）.

[92] 蒋淑媛，黄彬 . 当"文艺青年"成为"数字劳工"：对网络作家异化劳动的反思［ J ］. 中国青年研究，2020（ 12 ）.

[93] 纪超凡 . 马克思人学思想及其对青年生命价值教育的启迪研究［ D ］. 西安：兰州大学，2020.

[94] 沈杰 . 青年世界的社会学洞见［ M ］. 北京：人民出版社，2019.

[95] 谢素军 ."三和青年"的社会学叙事方法、结构与空间［ J ］. 青年学报，2021（ 2 ）.

[96] 陶翀，饶从满 . 英国人国家认同建构中的公民教育：作用考察与背景分析［ J ］. 外国教育研究，2018（ 06 ）.

[97] 乌小花，李安然 . 坚守中国道路自信：对英国国家认同危机的反思［ J ］. 世界民族，2017（ 06 ）.

[98] 左岫仙，李元元 . 美国国家认同的建构历程：挑战与启示［ J ］. 黑龙江民族丛刊，2016（ 02 ）.

[99] 王立新 . 美国国家认同的形成及其对美国外交的影响［ J ］. 历史研究，2003（ 08 ）.

[100] 郭立强 . 日本国家认同教育趋势：平等、直接、超外［ J ］. 北京航空航天大学学报，2018（ 06 ）.

[101] 徐建新 . 东亚国际关系背景下琉球（ 冲绳 ）的国家认同［ J ］. 外国问题研究，2018（ 03 ）.

[102] 张建立 . 战后日本的国家认同建构特点研究——心理文化学视角的考察

[J]. 东北师大学报(哲学社会科学版), 2017(09).

[103] 李艳平，亢升. 印度国家认同教育的经验及对中国的启示[J]. 印度洋经济体研究, 2016(08).

[104] 左岫仙，吴天喜. 印度国家认同的建构措施：问题与启示[J]. 佳木斯大学社会科学学报, 2014(10).

[105] 张利国，郭立强. 新加坡国家认同构建的历史演进及启示[J]. 理论导刊, 2017(03).

附 录

中长期青年发展规划（2016—2025年）

青年是国家的未来、民族的希望。青年兴则民族兴，青年强则国家强。促进青年更好成长、更快发展，是国家的基础性、战略性工程。依据党和国家有关政策法规，按照经济社会发展的总体目标和要求，结合我国青年发展的实际情况，制定本规划。

本规划所指的青年，年龄范围是14—35周岁（规划中涉及婚姻、就业、未成年人保护等领域时，年龄界限依据有关法律法规的规定）。

序 言

党和国家历来高度重视青年、关怀青年、信任青年，始终坚持把青年作为党和人民事业发展的生力军，为青年在革命、建设、改革中施展才华创造条件、提供舞台；尊重青年敢想敢干、富有梦想的特质，注重激发青年的参与热情和创新活力，引领青年勇开风气之先、走在时代前列；关心、解决青年的现实问题和迫切需求，支持青年在人民的伟大奋斗中实现自己的人生理想。党的十八大以来，以习近平同志为核心的党中央高度重视青年发展事业，反复强调青年一代有理想、有担当，国家就有前途，民族就有希望，实现中华民族伟大复兴就有源源不断的强大力量；进一步明确中国特色社会主义青年运动方向，全面加强对青年的思想政治引领和成长成才服务，制定实施一系列促进青年发展的政策措施，激励引导青年与民族同命运、与祖国共奋进、与时代齐发展，为广大青年指明了正确成长道路，创造了良好成长环境。

在党和国家的关心、支持和推动下，我国青年发展事业取得巨大进步和历史性成就。青年的思想政治面貌总体健康向上，拥护中国共产党的领导，对中国特色社会主义事业充满信心；青年的基本生活条件不断改善，物质生活水平显著提高，精神文化生活日益丰富，青年群体文明程度不断提升；教育事业长足发展，青壮年人口文盲基本消除，新增劳动力平均受教育年限达到13.3年，处于我国历史上最好水平，与发达国家之间的差距显著缩小；社会保障制度更加健全、水平不断提升，法治国家建设不断推进，青年发展权益得到更好维护；青年的创新能力、创业活力不断增强，青年人才队伍不断壮大，在报效祖国、服务人民、奉献社会的过程中实现着自身的成长发展。

未来10年，是实现“两个一百年”奋斗目标、实现中华民族伟大复兴中国梦的关键时期。面对复杂多变的国际环境和国内艰巨繁重的改革发展任务，统筹推进“五位一体”总体布局和协调推进“四个全面”战略布局，适应和引领经济发展新常态，牢固树立和贯彻落实创新、协调、绿色、开放、共享的发展理念，需要青年一代充分发挥作用，在改革发展稳定第一线建功立业、接续奋斗。

青年是国家经济社会发展的生力军和中坚力量。党和国家事业要发展，青年首先要发展。必须清醒认识到，青年发展事业与社会主义现代化建设的新要求、经济社会发展的新形势、广大青年的新期待相比，还存在不少亟待解决的突出问题。主要是：青年思想教育的时代性、实效性有待增强，用共产主义和中国特色社会主义引领青年，用中国梦和社会主义核心价值观凝聚共识、汇聚力量的任务尤为紧迫；青年体质健康水平亟待提高，部分青年心理健康问题日益凸显；青年社会教育和实践教育需要加强，提高教育质量的任务仍十分艰巨；青年就业的结构性矛盾比较突出，影响就业公平的障碍有待进一步破除；青年创业创新的热情有待进一步激发，鼓励青年创业创新的政策和社会环境需要不断优化；人口结构的新特点新变化使得青年一代的工作和生活压力不断增大，在婚恋、社会保障等方面需要获得更多关心和帮助；统筹协调青年发展工作的体制机制还不完善，各方面共同推进青年发展的合力有待进一步形成。

赢得青年才能赢得未来，塑造青年才能塑造未来。要站在党和国家事业后继有人、兴旺发达的高度，把青年发展摆在党和国家工作全局中更加重要的战略位置，整体思考、科学规划、全面推进，努力形成青年人人都能成才、人人皆可出彩的生动局面，为实现“两个一百年”奋斗目标、实现中华民族伟大复兴的中国梦注入强劲、持久的青春动力。

一、指导思想、根本遵循、总体目标

1. 指导思想。高举中国特色社会主义伟大旗帜，全面贯彻党的十八大和十八届三中、四中、五中、六中全会精神，坚持以马克思列宁主义、毛泽东思想、邓小平理论、“三个代表”重要思想、科学发展观为指导，深入学习贯彻习近平总书记系列重要讲话精神和治国理政新理念新思想新战略，坚持党管青年原则，牢牢把握为实现中华民族伟大复兴中国梦而奋斗的时代主题，充分照顾青年的特点和利益，优化青年成长环境，服务青年紧迫需求，维护青年发展权益，促进青年全面发展，引导青年树立共产主义远大理想和中国特色社会主义共同理想，坚定中国特色社会主义道路自信、理论自信、制度自信、文化自信，自觉团结凝聚在党的周围，更好成长为中国特色社会主义事业的合格建设者和可靠接班人。

2. 根本遵循。坚持马克思主义青年观和中国特色社会主义青年运动方向，全面贯彻落实以习近平同志为核心的党中央关于青年工作的决策部署，引导广大青年坚定不移听党话、跟党走；坚持以青年为本，尊重青年主体地位，把服务与成才紧密结合，让青年有更多获得感，促进青年在投身实现中华民族伟大复兴中国梦的实践中放飞青春梦想、实现全面发展；坚持全局视野，从战略高度看待青年发展事业，党委加强领导，政府、群团组织、社会等各方面协同施策，共同营造有利于青年发展的良好环境。

3. 总体目标。到 2020 年，具有中国特色的青年发展政策体系和工作机制初步形成，广大青年思想政治素养和全面发展水平进一步提升，在决胜全面建成小康社会伟大实践中的生力军和突击队作用得到充分发挥。到 2025 年，具有中国特色的青年发展政策体系和工作机制更加完善，广大青年思想政治素养和全面发展水平明显提升，不断成长为志存高远、德才并重、情理兼修、勇于开拓，堪当实现中华民族伟大复兴中国梦历史重任的有生力量。

二、发展领域、发展目标、发展措施

（一）青年思想道德

发展目标：广大青年积极践行社会主义核心价值观，中国特色社会主义道路自信、理论自信、制度自信、文化自信进一步增强，思想道德水平和文明素质进一步提高，为实现中国梦而奋斗的共同思想道德基础更加巩固。

发展措施：

1. 加强青年理想信念教育。深入开展共产主义、中国特色社会主义和中国梦学习宣传教育，开展习近平总书记系列重要讲话精神和治国理政新理念新思想新战略学习教育，使中国梦成为青年共同追求的奋斗目标，使中国特色社会主义成为青年衷心拥护的发展道路，使共产主义成为青年矢志追求的远大理想，增进青年对党的信赖、信念、信心。注重引导青年学习马克思主义基本原理，树立辩证唯物主义和历史唯物主义的世界观、方法论。注重加强宣传教育、示范引领和实践养成，引导广大青年增强使命意识和责任意识，自觉把人生追求融入党和国家事业。深入实施青年马克思主义者培养工程。充分发挥思想政治理论课在青年学生思想政治教育中的主渠道作用。实施高校思想政治理论课建设体系创新计划，建设学生真心喜爱、终身受益的高校思想政治理论课。

2. 在青年中培育和践行社会主义核心价值观。引导青年勤学、修德、明辨、笃实，使社会主义核心价值观内化为青年的坚定信念，外化为青年的自觉行动。大力弘扬以爱国主义为核心的民族精神和以改革创新为核心的时代精神，把爱国主义教育贯穿国民教育和精神文明建设全过程，引导青年学习了解党史国史、近现代史和改革开放史，继承五四运动以来的革命文化传统，坚持爱国、爱党、爱社会主义相统一，自觉培养爱国之情、砥砺强国之志、实践报国之行。引导青年传承弘扬中华优秀传统文化，增强文化自信和价值观自信。深入开展形式多样的青年群众性精神文明创建活动，引导青年大力弘扬社会公德、职业道德、家庭美德，培养良好个人品德，积极倡导和培育诚信品格，争当“向上向善好青年”，在引领社会文明风尚中发挥积极作用。加强民族团结宣传教育，推动各族青年交往交流交融，树立正确的国家观、民族观、历史观、文化观、宗教观，自觉抵制极端宗教思想，共同维护祖国统一和各民族繁荣发展。开展青年国防教育，推动军地青年共建共育，教育适龄青年自觉履行兵役义务。

3. 分类开展青年思想教育和引导。面向中学中职学生，广泛开展“与人生对话”主题活动，引导他们从小确立人生奋斗的远大志向，培养爱国、爱党、爱社会主义的感情。面向大学生，广泛开展“与信仰对话”主题活动，引导他们认识马克思主义的真理性，坚定走中国特色社会主义道路的信念。面向企业青年，广泛开展岗位建功活动，引导他们正确看待个人、企业、社会、国家的关系，以积极、务实、理性的态度面对职业生涯中遇到的具体问题。面向进城务工青年，注重把解决思想问题与解决实际问题相结合，在排忧解难、传递关怀中引导他们心向党和政府、矢志拼搏奋斗。面向农村青年，广泛宣传党和政府的支农惠农政策，引导他们树立“农村天地广阔、青年大有可为”的思想认识。

4. 强化网上思想引领。把互联网作为开展青年思想教育的重要阵地，团结、带动和壮大网上积极力量，大力开展正面宣传，实施“青年好声音”系列网络文化行动，增强网络正能量，消解网络负能量。提升网络舆情分析和引导能力，疏导青年情绪，澄清误解和谣言，引导青年形成正确认知。在青年群体中广泛开展网络素养教育，引导青年科学、依法、文明、理性用网。广泛开展青年网络文明志愿者行动，组织动员广大青年注册成为网络文明志愿者，参与监督和遏止网上各种违法和不良信息传播，为构建清朗网络空间作贡献。

（二）青年教育

发展目标：青年受教育权利得到更好保障，基本公共教育服务均等化逐步实现，教育公平程度明显提升。新增劳动力平均受教育年限达到 13.5 年以上，高等教育毛入学率达到 50% 以上。

发展措施：

1. 提高学校育人质量。坚持立德树人，深化教育改革，把增强学生社会责任感、法治意识、创新精神、实践能力作为重点任务贯彻到学校教育全过程。改善课堂教学，调动青年学生自主学习的积极性，完善知识结构，培养创新兴趣和科学素养。科学设计开展实践育人活动，通过探索实施高校共青团“第二课堂成绩单”制度等途径，帮助学生开阔视野、了解社会、提升综合素质。丰富学生创新实践平台，深入开展“挑战杯”竞赛和中国青少年科技创新奖评选，支持培育学生科技创新社团，营造校园科技创新氛围，为学生开展科技创新探索提供必要条件。将中小学共青团、少先队工作纳入教育督导。完善现代职业教育体系，推进产教融合、校企合作，办好全国职业院校技能大赛。深化考试招生制度改革，把促进学生健康成长成才作为改革的出发点和落脚点，扭转片面应试教育倾向。加强教师队伍建设，严格教师准入制度，突出教师职业道德教育和业务能力培训，深化教师评价管理体系改革。深入开展文明校园、绿色校园创建，创造和谐优美校园环境。在社会科学研究机构、高等学校加强青年学研究。

2. 科学配置教育资源。加大公共教育投入向中西部和民族边远贫困地区的倾斜力度，逐步缩小地区间教育资源差距。普及高中阶段教育，逐步分类实现中等职业教育全部免除学杂费，率先从建档立卡的家庭经济困难学生实施普通高中免除学杂费。实施国家贫困地区定向招生专项计划。完善贫困家庭学生、进城务工青年、少数民族青年和残疾青年等特殊青年群体帮扶救助机制，健全资助体系、完善资助方式，实现家庭经济困难学生资助全覆盖。进一步完善和落实进城务工人员随迁子女接受义务教育后在当地参加升学考试政策。

3. 强化社会实践教育。完善扶持政策，加大经费投入，加强青年社会实践基地建设，鼓励机关、军队、企事业单位、社会组织为有组织的青年社会实践提供帮助和便利。在青年中广泛开展科普教育和群众性科技创新活动，引导广大青年讲科学、爱科学、学科学、用科学。广泛开展大中专学生“三下乡”、志愿服务等社会实践活动，鼓励青年参与社会公共服务和社会公益事业。推进青年信用体系建设，逐步应用到青年入学、就业、创业等领域，引导青年践行诚信理念。

4. 促进青年终身学习。强化家庭教育基础作用，全面宣传普及家庭教育科学理念、知识和方法，实现家庭教育对优秀传统文化、爱国主义、社会责任、生活技能、勤俭美德、自律能力的基础性培养。大力发展继续教育，建立个人学习账号和学分累计制度，开展师生互动式、同伴共享式技能学习培训。加大青年社会教育投入，建立多渠道筹措资金投入机制。创造社会教育良好环境，规划青年成长成才各个环节的教育需求，统筹协调文化、出版、影视、网络等资源，实现对青年教育空间的全覆盖。构建并推行终身职业技能培训制度。推动各类学习资源开放共享，鼓励社会力量和民间资本提供多样化教育服务，推进教育信息化，发展在线教育和远程教育，扩大优质教育资源覆盖面，构建灵活开放的终身教育培训体系。

5. 培育青年人才队伍。实施青年英才开发计划，在重点学科领域培养扶持一批青年拔尖人才；在高水平研究型大学和科研院所优势基础学科建设一批国家青年英才培养基地。统筹推进党政人才、企业经营管理人才、专业技术人才、高技能人才、农村实用人才、社会工作人才等领域青年人才队伍建设。建立健全对青年人才普惠性支持措施。加大教育、科技和其他各类人才工程项目对青年人才培养支持力度，在国家重大人才工程项目中设立青年专项。改革完善青年人才管理体制，创新青年人才培养开发、评价发现、选拔任用、流动配置、激励保障机制，善于发现、重点支持、放手使用青年优秀人才。加强知识产权保护，鼓励青年人才创新创造。鼓励和支持青年人才参与战略前沿领域研究，着力培养一批青年科技创新领军人才。坚持自主培养开发与海外引进并举，用好国内优秀人才，吸引海外高层次青年人才和急需紧缺青年专门人才。

（三）青年健康

发展目标：持续提升青年营养健康水平和体质健康水平，青年体质达标率不低于90%；有效控制青年心理健康问题发生率，青年心理健康辅导和服务水平得到较大提升；引领青年积极投身健康中国建设。

发展措施：

1. 提高青年体质健康水平。实施全民健身计划，严格执行《国家体育锻炼标准》和《国家学生体质健康标准》，在学校教育中强化体质健康指标的硬约束。加强学校体育工作，完善国家体育与健康课程标准，发挥学校体育考核评价体系的导向作用，保证体育课时和课外锻炼时间得到落实。组织青年广泛参与全民健身运动，培养体育运动爱好，提升身体素质，掌握运动技能，养成终身锻炼的习惯。在城乡社区建设更多适应青年特点的体育设施和场所，配备充足的体育器材，方便青年就近就便开展健身运动。鼓励和支持青年体育类社会组织发展，带动更多青年培养体育兴趣和爱好。

2. 加强青年心理健康教育和服务。注重加强对青年的人文关怀和心理疏导，引导青年自尊自信、理性平和、积极向上，培养良好心理素质和意志品质。促进青年身心和谐发展，指导青年正确处理个人与他人、个人与集体、个人与社会的关系。加强对不同青年群体社会心态和群体情绪的研究、管控和疏导，引导青年形成合理预期，主动防范和化解群体性社会风险。加强青年心理健康知识宣传普及，提高心理卫生知晓率。支持各级各类青年专业心理辅导机构和社会组织建设，大力培养青年心理辅导专业人才。重点抓好学校心理健康教育，在高校、中学和职业学校普遍设置心理健康辅导咨询室，有条件的学校配备专职心理健康教育师资队伍。构建和完善青年心理问题高危人群预警及干预机制。加强源头预防，注重对青年心理健康问题成因的研究分析，及时识别青年心理问题高危人群，采取有效措施解决或缓解青年在学业、职业、生活和情感等方面的压力。

3. 提高各类青年群体健康水平。重视服务残疾青年的专业康复训练，落实器材、场所等配套保障。解决农村地区、贫困地区、西部地区青年学生的营养健康问题。引导高校学生“走下网络、走出宿舍、走向操场”，养成健康文明的生活习惯。做好青年职业病的预防和治疗工作，大幅度降低在职青年职业病发生率。关注进城务工青年健康状况，开展健康监测。动员社会力量，通过志愿服务、慈善捐助等形式为青年群体提供有针对性的健康服务。

4. 加强青年健康促进工作。编撰和出版有关生命教育的读物，引导青年尊重生命、热爱生活。定期组织青年参与公共场所安全演练，开展灾害逃生、伤害自护、防恐自救、互助互救等体验教育，增强青年在应对突发性事件中的自我保护意识和防灾避险能力。在青年中倡导健康生活方式，加强健康教育，提升青年健康素养水平。广泛开展禁烟宣传，让青年成为支持禁烟、自觉禁烟的主体人群。完善艾滋病和性病的防治工作机制，针对重点青年群体加强宣传教育，推广有效的干预措施，切实降低艾滋病和性病发生率。做好禁毒宣传教育工作，提高青年群体尤其是青年学生群体对毒品及其危害性的认识。强化对娱乐场所的监管，严厉打击吸毒贩毒、卖淫嫖娼等违法犯罪行为。

（四）青年婚恋

发展目标：青年婚恋观念更加文明、健康、理性；青年婚姻家庭和生殖健康服务水平进一步提升；青年的相关法定权利得到更好保障。

发展措施：

1. 加强青年婚恋观、家庭观教育和引导。将婚恋教育纳入高校教育体系，强化青年对情感生活的尊重意识、诚信意识和责任意识，引导青年树立文明、健康、理性的婚恋观。发挥大众传媒的社会影响力，广泛传播正面的婚恋观念，鲜明抵制负面的婚恋观念，形成积极健康的舆论导向。倡导结婚登记颁证、集体婚礼等文明节俭的婚庆礼仪。引导青年树立正确的家庭观念，倡导尊老爱幼、男女平等、夫妻和睦、勤俭持家、邻里团结，传承优良家教家风，培育家庭文明。加强青年敬老、养老、助老道德建设，大力弘扬孝敬老人的传统美德。

2. 切实服务青年婚恋交友。支持开展健康的青年交友交流活动，重点做好大龄未婚青年等群体的婚姻服务工作。规范已有的社会化青年交友信息平台，打造一批诚信度较高的青年交友信息平台。依法整顿婚介服务市场，严厉打击婚托、婚骗等违法婚介行为。充分发挥工会、共青团、妇联等群团组织和社会组织的作用，为青年婚恋交友提供必要的基础保障和适合青年特点的便利条件。

3. 开展青年性健康教育和优生优育宣传教育。在青年中加强对国家人口发展战略和政策的宣传教育，促进人口均衡发展。加大对性知识的普及力度，在有条件的学校推广性健康课程，加强专兼职性健康教育师资队伍建设。预防和减少不当性行为对青年造成的伤害，大幅度降低意外妊娠的发生率。大力弘扬以“婚育文明、性别平等；计划生育、优生优育；生殖健康、家庭幸福”为核心的婚育文化，坚决抵制非医学需要的胎儿性别鉴定和选择性别人工终止妊娠行为。加大对适龄青年的婚育辅导力度，加大适龄青年婚前检查、孕前检查和产前检查的普及力度。

4. 保障青年在孕期、产假、哺乳期期间享有的法定权益。全面落实女性青年在怀孕、生育和哺乳期间依法享有的各项权利。鼓励条件成熟的地方探索在物质、假期等方面给予青年更多支持。

（五）青年就业创业

发展目标：青年就业比较充分，高校毕业生就业保持在较高水平；青年就业权利保障更加完善，青年的薪资待遇、劳动保护、社会保险等合法权益得到充分保护；青年创业服务体系更加完善，创业活力明显提升。

发展措施：

1. 推动完善促进青年就业创业政策体系。根据就业形势和就业工作重点变化，加强就业政策与产业、贸易、财税、金融等政策的协调，进一步完善积极就业政策。发挥公共财政促进青年就业作用，完善落实财政金融扶持政策，扶持发展现代服务业、战略性新兴产业、劳动密集型企业和小微企业，吸纳青年就业。加强对灵活就业、新就业形态的支持，促进青年自主就业，鼓励多渠道多形式就业。进一步完善青年创业就业配套政策及法律法规。加强就业统计工作，健全青年就业统计指标体系。

2. 加强青年就业服务。实施青年就业见习计划。健全城乡均等的公共就业创业服务体系，完善服务功能，把有就业意愿的青年全部纳入服务范围，全面落实免费公共就业服务，对就业困难青年提供就业援助，帮助长期失业青年就业。创新就业信息服务方式方法，注重运用互联网技术打造适合青年特点的就业服务模式。加强青年职业培训，健全面向青年的劳动预备制培训计划，落实职业培训补贴政策。实施离校未就业高校毕业生就业促进计划，为毕业生提供职业指导、就业信息、就业见习、就业帮扶等服务。开展青年农民工职业技能培训，通过订单、定向和定岗式培训，对农村未升学初高中毕业生等新生代农民工开展就业技能培训，为有创业意愿的青年农民工提供创业培训。开展青年重点群体职业培训，加大贫困家庭子女、青年失业人员和转岗职工、退役青年军人和残疾青年等劳动者职业技能和创业培训力度，按规定提供培训补贴，对农村贫困家庭学员和城市居民最低生活保障家庭学员给予生活补贴。

3. 推动青年投身创业实践。建立青年创业人才汇聚平台，建设青年创业导师团队，开展普及性培训和“一对一”辅导相结合的创业培训活动，帮助青年增强创业意识、增进创业本领。推动青年创业第三方综合服务体系建设，搭建各类青年创业孵化平台，完善政策咨询、融资服务、跟踪扶持、公益场地等孵化功能。加大青年创业金融服务落地力度，优化银行贷款等间接融资方式，支持创业担保贷款发展，拓宽股权投资等直接融资渠道。支持青年创业基金发展，发挥好国家新兴产业创业投资引导基金和中小企业发展基金等政府引导基金的作用，带动社会资本投入，解决青年创业融资难题。落实结构性减税和普遍性降费政策。建设青年创业项目展示和资源对接平台，搭建青年创业信息公共服务网络，办好青年创新创业大赛、展交会、博览会等创业品牌活动。着力培育服务青年创业的社会组织，建设专业化的服务队伍和服务实体。深入实施大学生创业引领计划，建立健全教学与实践相融合的高校创新创业教育体系，显著提升青年创新型人才培养质量；整合发展国家和省级高校毕业生就业创业基金。深入开展农村青年创业致富带头人培养，支持青年返乡创业。完善互联网创新创业政策，实施青年电商培育工程。加强对留学回国创业青年的服务，帮助他们了解国内信息、熟悉创业环境、交流创业经验、获得政策扶持。推动形成鼓励创新、宽容失败的体制机制和社会环境，更好激发青年创新潜能和创业活力。

4. 加强青年就业权益保障。完善青年就业、劳动保障权益保护机制，加大劳动保障监察执法、劳动人事争议调解仲裁诉讼、安全生产监管监察工作力度。加强人力资源市场监管，规范招人用人制度，营造公平就业环境。完善失业保险、社会救助与就业的联动机制。

（六）青年文化

发展目标：更好引导青年传承中华优秀传统文化、弘扬社会主义先进文化。青年文化活动更加丰富，文化精品不断增多，传播能力大幅提升，人才队伍发展壮大，服务设施、机构和体制更加健全。青年对提升国家文化软实力贡献率显著提高。

发展措施：

1. 加强文化精品创作生产。发挥精神文明建设“五个一工程”、国家舞台艺术精品创作工程、中国艺术节、中国文化艺术政府奖、中国新闻奖、中国出版政府奖等国家级重大工程项目、评奖的引导带动作用，鼓励文化机构、文艺工作者特别是青年文化人才，创作生产展现当代青年奋发向上、崇德向善、传承中华文明的文化精品。引领网络文化，保护网络文化知识产权，扶持高质量网络文化产品生产，加强微电影、动漫、游戏等内容创作创新，提升优秀网络文化产品供给能力和传播能力。国家艺术基金、国家出版基金等文化发展基金要加强对青年题材重点选题项目的扶持，鼓励优秀青年文化人才参与创作，支持青年题材优秀图书、影视、音乐、舞蹈、戏剧、曲艺、美术等生产、发行和推广。

2. 丰富青年文化活动。广泛开展优秀文化作品全国性巡展巡演。深入挖掘中华优秀传统文化的时代价值，开展优秀传统文化艺术展示交流，引导青年积极参与文化遗产保护、传统工艺振兴、民间文艺传承。以校园文化、企业文化、军营文化、乡村文化、社区文化、社团文化、网络文化为载体，加强基层特色文化品牌建设，推动青年人均年度图书阅读量和艺术鉴赏、科普水平逐年提高。加强中国青年与各国青年人文交流，学习、吸收、借鉴世界优秀文化成果，讲好中国故事、传播好中国声音，不断提升文化自信。

3. 造就青年文化人才。通过全国文化名家暨“四个一批”人才培养工程、文化产业人才培养工程、非物质文化遗产传承人、新闻出版广播影视领军人才和互联网创新人才培养等项目，实施青年文化人才培养计划，资助具备文化创新能力、掌握现代传媒技术、熟悉国际人文交流、善于经营管理的青年文化人才主持重大课题研究、领衔重点文化项目。加强后备文化人才队伍建设，面向青年文化工作者开展文化创意服务、文化生产实践、文化经营管理、媒体融合发展、国际合作规则等方面培训，凝聚文化研究、创作、表演、传播、经营、管理、志愿服务等青年人才。

4. 优化青年文化环境。鼓励和支持有条件的报刊、电台、电视台、新闻网站设立青年栏目、节目，制作和传播有益于青年健康成长的内容，增加青年题材报道内容和播出时间，大力宣传青年在推动经济社会发展中的积极作用。在报刊和网络重点栏目、电视和院线黄金时段，增加优秀青年文化精品的宣传内容、频次，引导青年树立高尚精神追求、文明生活方式和正确消费观念。推进公共文化设施免费开放，增强针对青年群体的服务功能。

5. 积极支持青年文化建设。加强文化理论研究，及时掌握青年文化需求、文化观念、文化潮流的动态变化，引领和指导青年文化实践。扶持以服务青年为主要功能的报纸、刊物、新闻出版、网站等文化企事业单位发展。完善公益性演出补贴制度，通过票价补贴、剧场运营补贴等方式，支持青年艺术表演团体公益演出。促进企业和民间资本增加对青年文化事业的投入。鼓励国家投资、资助或拥有版权的文化产品无偿用于公益性青年文化活动和服务。鼓励和支持各类文化单位在五四青年节面向青年免费或低收费开展文化活动、提供文化服务。采取政府购买、项目补贴、定向资助等方式，鼓励青年文化阵地、青年文化团体等社会力量承接青年文化服务。

（七）青年社会融入与社会参与

发展目标：青年更加主动、自信地适应社会、融入社会。青年社会参与的渠道和方式进一步丰富和畅通，实现积极有序、理性合法参与。共青团、青联、学联组织在促进青年社会融入和社会参与中的主导作用充分发挥，带动各类青年组织在促进青年有序社会参与中发挥积极作用。青年参与社会主义现代化建设的积极性主动性进一步增强，青年志愿服务水平进一步提高。不同青年群体相互理解尊重。青年对外交流合作不断拓展。

发展措施：

1. 健全党领导下的以共青团为主导的青年组织体系。积极推进共青团改革，着力构建凝聚青年、服务大局、当好桥梁、从严治团的工作格局，充分发挥共青团作为党的助手的作用。加强共青团自身建设，适应青年发展的新情况新特点，不断创新组织设置，更多更广地覆盖新兴领域青年和流动青年；尊重青年主体地位，调动广大青年参与的积极性和主动性，活跃基层团组织，完善青年社会参与的基本组织依托。教育广大共青团员切实增强先进性光荣感，自觉做共产主义远大理想和中国特色社会主义共同理想的坚定信仰者和忠实实践者，充分发挥在青年中的模范作用和对青年的凝聚作用。充分发挥青联在爱国主义、社会主义旗帜下广泛团结各族各界青年的功能，强化共青团在青联组织中的引领作用，推动青联组织带领各族各界青年在大团结大联合中实现共同发展。加强共青团对学联组织的指导，推动学联组织引导学生追求进步、维护学生合法权益。发展培育青年社团，加强对各行各业青年的凝聚和服务。更好联系、服务和引导青年社会组织，促进青年有序社会参与。支持共青团、青联、学联依法承接政府职能转移，更好参与青年社会事务管理和服务；支持各类青年社会组织立足自身优势，以合适方式参与政府购买服务。

2. 着力促进青年更好实现社会融入。鼓励和支持青年参与社会实践和公益服务，推动理论学习与劳动实践相结合，突出个人实践与社会公益有机统一，学会自我教育、自我管理、自我提升，在为家庭谋幸福、为他人送温暖、为社会作贡献的过程中增加人生历练，强化社会交往能力和社会责任感。充分发挥家庭在青少年社会融入中的重要作用，鼓励青少年自强自立，为青少年接触社会、开展社会交往创造更多机会、提供有效指导。学校教育要支持青年学生开展各种课外和校外活动，加强对青年学生社会融入的针对性指导，促进青年学生学会生存生活，学会做人做事，主动了解社会、适应社会。积极促进在内地就学、就业少数民族青年和进城务工青年及其子女的社会融入，帮助他们更快适应当地习俗、更好融入所在社区。充分发挥青年社会组织等社会力量的独特作用，吸引和带动青年广泛参与各类社会服务，不断培养和提升社会化技能。引导青年正确认识网络空间与现实社会的关系，多到社会实践中长见识、练本领，防止沉迷网络。要在全社会推动形成鼓励青年多样化参与、支持青年个性发展、宽容青年失误的氛围，为青年更好融入社会营造良好环境。

3. 引领青年有序参与政治生活和社会公共事务。支持共青团、青联代表和带领青年积极参与人大、政府、政协、司法机关、社会有关方面各类协商，就涉及青年成长发展的重大问题协商探讨、提出意见、凝聚共识，充分发挥政治参与职能。探索建立有关人大代表、政协委员青少年事务联系机制，为青年参与畅通渠道、搭建平台。鼓励青年参与城乡基层群众自治，推动完善民主恳谈、民主议事制度，在实践中提高青年政治参与能力。推荐优秀青年代表担任人民陪审员、人民监督员、人民调解员等，依法履行相关职责。

4. 鼓励青年在经济社会发展中充分发挥生力军和突击队作用。围绕国家整体发展战略需要，深化各类建功活动，树立先进典型，激励青年在各行各业积极创新，拓展工作领域和空间，形成发展新动力。鼓励青年积极参与生态环境保护，带头践行绿色生产生活方式，共建生态文明，共创美丽中国。组织动员广大青年积极投身脱贫攻坚，充分发挥青年企业家、青年科技工作者、青年致富带头人、青年志愿者等群体作用，为贫困地区改善区域发展环境、促进经济社会发展提供资金、人才、技术、管理等支持。摸清底数、精准施策，充分发挥教育和就业创业在青年脱贫中的重要作用，促进贫困青年早日脱贫。坚持围绕大局、服务社会需求、突出青年特色，深化青年志愿服务工作，组织引导广大青年大力弘扬“奉献、友爱、互助、进步”的志愿精神。

5. 引导青年社会组织健康有序发展。加强对青年社会组织的政治引领，完善党委和政府与青年社会组织沟通交流机制，把对青年社会组织的管理和引导纳入法治化轨道。改进对青年社会组织的联系服务，充分发挥共青团和青联组织作用，通过资金支持、提供阵地场所、培训骨干人员等方式扶持青年社会组织健康发展。重点支持行为规范、运作有序、公信力强、适应经济社会发展要求的青年社会组织，重点发展科技类、公益慈善类、城乡社区服务类青年社会组织，积极发挥重点青年社会组织的示范带动作用。改善对青年社会组织的监督管理，建立完善民政部门和共青团、青联等群团组织及有关职能部门协同发挥作用的管理机制。

6. 增进不同青年群体的交流融合。整合各方资源，帮助解决重点、新兴领域青年群体的实际困难，增进新生代农民工、青年企业家、青年社会组织骨干、青年新媒体从业人员、高校青年教师、归国留学青年等群体的政治认同和社会参与。发挥共青团组织优势，主动联系新的社会阶层青年群体，吸纳他们中的优秀分子进入组织体系。创造条件推动不同阶层、不同领域青年群体进行经常性对话交流，增进理解、认同和包容，舒缓社会压力，融洽社会关系。

7. 增强港澳台青年的国家认同、民族认同和文化认同。实施港澳台青少年交流计划，以中华文化为纽带，不断探索创新工作方式，提高交流实效，实现在多元文化背景下包容差异、消除隔阂、增进认同。积极创造条件，搭建港澳台青年来内地创新创业平台，支持港澳台青年在国家发展及海峡两岸暨港澳经贸融合中寻找发展机会，为港澳台青年就业创业提供便利服务。帮助港澳台青年形成对“一国两制”的正确认知、对祖国文化的认同。

8. 支持青年参与国际交往。拓宽青年参与国际交往的渠道，为青年开展国际交流与合作搭建更广阔的平台。完善选拔方式、丰富选拔手段，让更多的青年群体代表参与国际交流。培养推荐青年优秀人才到国际组织任职。加大宣传力度，提升青年国际交流活动的影响力和辐射面。

（八）维护青少年合法权益

发展目标：青少年权益维护的法律法规和政策体系更加完善，得到全面贯彻实施。青少年权益保护的工作体系和工作机制更加健全，合法权益得到切实维护。侵害青少年合法权益的行为受到有效打击和遏制。

发展措施：

1. 全面贯彻实施有关青少年发展的法律法规。加强《中华人民共和国未成年人保护法》《中华人民共和国预防未成年人犯罪法》以及教育、卫生、就业创业、社会保障等领域涉及青少年权益的法律法规贯彻实施，切实保障青年合法权益。共青团等群团组织要及时了解和研判青年发展状况，监督涉及青年发展权益的法律法规和政策执行，代表青年向有关部门反映问题、提出建议，推动及时有效解决青年实现发展权益面临的现实困难和突出问题。

2.完善青少年权益维护法律法规和政策。针对青年权益保障中的突出问题，制定修改相关法律法规和政策，在现有法律法规和政策体系中增加有利于维护青年普遍性权益的内容。以《中华人民共和国未成年人保护法》《中华人民共和国预防未成年人犯罪法》和《中华人民共和国刑事诉讼法》中的“未成年人刑事案件诉讼程序”专章为基础，建立健全涵盖福利、保护、司法等内容的未成年人法律制度。加快制定电子商务、个人信息保护、互联网信息服务管理等法律法规，出台《未成年人网络保护条例》，严格落实互联网服务提供者的主体责任，有效防范暴力、色情、赌博、毒品、迷信、邪教等腐朽没落文化和丑化党和国家形象及革命先烈的信息传播。

3.健全青少年权益保护机制。尊重青年主体地位，拓展青年权益表达渠道，充分发挥共青团、青联组织代表和反映青年普遍性利益诉求的作用。建立青年权益状况舆情监测体系和舆论引导机制。支持共青团建设青少年维权工作网络平台和12355青少年服务台，把法治宣传教育与法律服务结合起来，带动青年社会组织、青少年事务社会工作者积极参与维护青少年权益。深化“青少年维权岗”创建活动，建立健全基层青少年维权工作机制。加强对困难青年群体、进城务工青年及其未成年子女等群体的关爱和权益维护工作。完善法律援助工作网络，鼓励和支持法律服务机构、社会组织、事业单位等依法为未成年人提供公益性法律服务和援助。健全未成年人行政保护与司法保护衔接机制，加强监护缺失、受到监护侵害的未成年人权益保护工作。

4.依法打击侵害青少年合法权益的行为。贯彻落实涉及青少年权益保护的法律法规，严厉打击拐卖、性侵害、遗弃、虐待等侵害未成年人合法权益的违法犯罪行为。大力开展青少年禁毒工作，依法惩处涉及青少年的毒品违法犯罪活动。严厉打击涉校违法犯罪活动。加强网络领域综合执法，严厉打击各类涉青少年网络违法犯罪。

（九）预防青少年违法犯罪

发展目标：青少年法治宣传教育常态化、全覆盖，青少年法治观念和法治意识不断增强，成长环境进一步净化。形成比较完善的重点青少年群体服务管理和预防犯罪工作格局，建立针对有严重不良行为和涉罪青少年进行教育矫治的有效机制，青少年涉案涉罪数据逐步下降。

发展措施：

1. 加强法治宣传教育。在青少年中广泛开展法治宣传教育，使青少年明确基本的法律底线和行为边界，自觉尊法学法守法用法。把法治教育纳入国民教育体系，坚持课堂教学主渠道，积极开拓第二课堂，配齐配强中小学校兼职法治副校长、辅导员。落实国家机关“谁执法谁普法”普法责任制，建立法官、检察官、行政执法人员、律师在法律实施过程中面向青少年开展法治教育的制度规范。把法治教育纳入精神文明创建和平安建设内容，健全媒体公益普法制度，注重运用网络新媒体扩大宣传教育覆盖面，统筹青少年法治教育实践基地建设，发展壮大青少年普法工作队伍和志愿者队伍。

2. 优化青少年成长环境。清理和整治社会文化环境，加大“扫黄打非”工作力度，打击各类侵权盗版行为，加强对影视节目的审查，强化以未成年人为题材和主要销售对象的出版物市场监管。加强校园周边环境治理和安全防范工作，严格落实禁止在中小学校园周边开办上网服务营业场所、娱乐场所、彩票专营场所等相关规定。依法采取必要惩戒措施，有效遏制校园欺凌、校园暴力等案（事）件发生。净化网络空间，完善网络文化、网络出版、网络视听节目审查制度和市场监管，定期开展专项整治行动，持续整治网络涉毒、淫秽色情及低俗信息。推动互联网上网服务行业健康发展，进一步规范上网服务营业场所服务管理，依法查处违规接纳未成年人的行为，依法取缔无照场所。

3. 做好重点青少年群体服务管理工作。大力推进“为了明天”预防青少年违法犯罪工程，推动预防青少年违法犯罪工作列入各地工作规划和财政预算，不断健全组织机构和工作体系。在全国县级地区全面推开并不断深化重点青少年群体服务管理工作，明确各类群体工作重点，建立覆盖完整、切实有效、主责清晰、协调联动的工作机制。强化家庭监护和学校教育职责，防止青少年脱离与家庭、学校的联系，出现不良行为时能够及时采取有针对性的预防措施。加强专门学校建设和专门教育工作，畅通有严重不良行为未成年人进入专门学校接受教育矫治的渠道，研究建立符合条件的涉案未成年人进入专门学校接受教育矫治的程序。完善专门学校管理体制和运行机制，加强教师队伍建设，不断提高教育矫治水平。充分发挥青少年事务社会工作专业人才和社会工作服务机构作用，对重点青少年群体提供困难帮扶、法治教育、法律援助、心理疏导、行为矫治等专业服务。

4. 完善未成年人司法保护制度。深化未成年人司法改革，公安机关、人民检察院、人民法院、司法行政机关要加强专门机制建设，明确专门机构或者指定专人办理未成年人违法犯罪案件。改革完善未成年人收容教养制度。在侦查、起诉、审判、刑事执行涉及未成年人案件中，落实社会调查、心理疏导与测评、分押分管、严格限制适用逮捕措施、强制辩护、合适成年人参与、当事人和解、附条件不起诉、分案起诉、法庭教育、回访帮教、犯罪记录封存、分类矫治等特殊保护制度。有条件的地区建立未成年人帮教基地。妥善安置附条件不起诉、适用非监禁刑、特赦的未成年人以及解除收容教养和其他刑满释放的青少年。

（十）青年社会保障

发展目标：社会保障体系充分覆盖青年急需的保障需求，并在各类青年群体之间逐步实现均等化。

发展措施：

1. 加强对残疾青年的关心关爱和扶持保障。健全完善残疾青年教育、医疗、就业等方面的服务保障政策，进一步提高保障水平和服务能力。推动残疾青年平等参与社会生活、共享经济社会发展成果，依法保障残疾青年政治、经济、社会、文化教育权利。大力开展面向残疾青年的专业社会工作和志愿服务，鼓励和引导社会各界参与、支持残疾青年权益维护，培育理解、尊重、关心、帮助残疾青年的社会风尚。

2. 加强青年社会救助工作。完善社会救助制度，健全救助服务管理工作机制。加大对流浪未成年人的救助力度，促使其回归家庭，有针对性地解决流浪未成年人在心理、健康、技能等方面存在的问题。为家庭困难的失学、失业、失管青年提供就业、就学、就医、生活等方面的帮助。加大临时救助政策的落实力度，解决包括进城务工青年在内的困难群众突发性、紧迫性、临时性生活困难。切实解决部分农村留守儿童中存在的学业失教、生活失助、亲情失落、心理失衡、安全失保问题。大力推进城镇基本公共服务向常住人口全覆盖，为进城务工青年与其未成年子女共同生活提供生活居住、日间照料、义务教育、医疗卫生等方面的帮助。

三、重点项目

1. 青年马克思主义者培养工程。着重在青年学生骨干、团干部、青年知识分子等青年群体中选拔一批骨干作为培养对象，以理想信念教育为核心，开设党性教育、理论学习、实践锻炼、工作锤炼、对外交流等方面的课程，进行阶段性集中教育培训，着力培养一批对党忠诚、信仰坚定、素质优良、作风过硬的中国特色社会主义事业合格建设者和可靠接班人。注重后续跟踪培养，动态调整培养方式，充分发挥骨干力量对各行业的示范带动作用。青年马克思主义者培养工程分全国、省级、省级以下三级实施，每年培养不少于 20 万人。

2. 青年社会主义核心价值观培养工程。坚持不懈用党的科学理论武装青年，推动邓小平理论、“三个代表”重要思想、科学发展观特别是习近平总书记系列重要讲话精神和治国理政新理念新思想新战略进课堂、进教材、进头脑，引导青年深入理解党的理论和路线方针政策。把社会主义核心价值观融入青年教育全过程，搭建课堂教学、社会实践、文化熏陶等多位一体的育人平台；开展革命传统教育和公民道德宣传，宣传先进青年典型，开展社会道德实践，引导青年形成修身律己、崇德向善、诚信互助、礼让宽容的道德风尚。引导青年传承弘扬中华优秀传统文化，深刻挖掘重要节庆日、纪念日蕴藏的丰富教育资源，引导青年汲取中华优秀传统文化的思想精华和道德精髓，增强做中国人的骨气和底气。

3. 青年体质健康提升工程。深化学校体育改革，强化体育课和课外锻炼，以足球为突破口，集中打造青年群众性体育活动载体，大力开展阳光体育系列活动和大学生“走下网络、走出宿舍、走向操场”主题课外体育锻炼活动，使坚持体育锻炼成为青年的生活方式和时尚。培养青年体育运动爱好，经常性参加足球、篮球、排球、田径、游泳、乒乓球、羽毛球、网球等体育运动项目和健身操（舞）、健步走、传统武术、太极拳、骑车、登山、跳绳、踢毽等健身活动，力争使每个青年具备 1 项以上体育运动爱好，养成终身锻炼的习惯。引导青年树立健康促进理念，在健康促进事业中发挥积极作用。完善青年体质健康监测体系，实现定期抽样监测和公开发布监测结果，倡导青年形成良好的饮食、用眼和睡眠习惯，控制肥胖、近视、龋齿等常见病的发生率。改进普通高校高水平运动队招生工作，激励青年学生参与体育锻炼。

4. 青年就业见习计划。按照“项目化运作、社会化动员、规范化管理”思路，在企业、社区、科研院所建设一批见习、实习基地，开发一批具有职业发展空间、技能训练机会的见习、实习岗位。把大学生实习纳入高校实践学分管理。把未就业大中专毕业生、各类社会青年纳入就业见习范围。加强青年就业见习培训和管理，提高见习实效。充分汇聚政府、企业、社会的力量，为青年参与就业见习提供补贴与支持。

5. 青年文化精品工程。支持青年文化精品创作推广，支持青年文化创意赛事及文化体验，支持青年文化创意人才培养。每年创作生产一批思想性、艺术性、观赏性俱佳的涵盖各文化类别的青年题材文艺精品。打造一批有影响力的青年网络新媒体产品展播平台，开展全国性青年互联网创新创意活动。在国家级文化、出版类评奖推荐活动中，每年向青年推荐优秀影视、网络、动漫文化作品不少于 100 小时，图书、报刊文字量不少于 200 万字，应用类网络游戏不少于 3 部、网络音乐不少于 10 首。

6. 青年网络文明发展工程。深入推进“阳光跟帖”行动，引导广大青年依法上网、文明上网、理性上网，争当“中国好网民”。发展壮大青年网络文明志愿者队伍，持续广泛、强有力、有针对性地发出青年好声音。鼓励支持互联网企业、社会组织、文化机构制作推广符合社会主义核心价值观和青年喜欢的网络新媒体文化产品。加大对中国青年网、未来网、中青在线等青年门户网站、青年公益组织专属网站以及“两微一端”平台的建设扶持力度；加大对青少年新媒体领域社会组织的引导和支持力度，举办网络安全、网络技能、网络文化产品等方面竞赛，发掘、吸引、培养各方面的青年网络人才；加大网络文明队伍指挥协调系统建设力度，开发运行平台，形成管理机制，提升组织效能。倡导网络公益活动，使互联网空间成为青年成长的温馨家园。

7. 中国青年志愿者行动。全面推行青年志愿者实名注册制度，发挥共青团员示范作用，到 2025 年实现实名注册的青年志愿者总数突破 1 亿人。稳步培育青年志愿服务骨干队伍，构建分层分类志愿服务项目库，扩大基层志愿服务组织覆盖，加强激励评价、保险保障等机制建设，形成规模宏大、来源广泛、门类齐全、管理规范的全国青年志愿服务队伍、项目和组织体系，推动青年志愿服务制度化、日常化、便利化开展。坚持以社区为主阵地，广泛开展青年学雷锋志愿服务活动。深入开展大学生志愿服务西部计划，每年选派 2 万名应届大学毕业生到中西部地区开展志愿服务。坚持立德树人，建立健全学生志愿服务工作体系。深化关爱农民工子女志愿服务专项行动和中国青年志愿者助残“阳光行动”。积极参与并做好重大赛事和会议的志愿服务工作。大力实施中国青年志愿者海外服务计划。

8. 青年民族团结进步促进工程。实施青年民族团结交流万人计划，每年组织边疆民族地区青年与内地各族青年开展互访、联谊活动，鼓励不同民族青年之间结对子、互帮互助。开展高校“中华文化进校园”活动，每年在 200 所高校举办图片、影视展和歌舞活动，宣传中华民族形成发展历史，增进中华文化认同，宣传各民族为祖国作出的贡献，增强各族青年学生的中华民族共同体意识。在广大青年中开展民族常识和民族法律法规政策知识大赛。在少数民族流动人口较多的沿海地区和大中城市开展“中华一家亲，可爱城市共同建”活动，为外来少数民族青年融入城市提供帮助。

9. 港澳台青少年交流工程。进一步扩大内地与港澳青少年之间的交流规模，提升交流质量。继续办好港澳青少年实习实践、体验营、训练营和形式多样的交流考察活动，支持内地与港澳青年组织举办青年论坛，组织青少年开展常态化的结对交流和项目合作，促进相互了解。举办海峡青年论坛、两岸青年社团负责人圆桌会议、两岸青年联欢节等活动。

10. 青少年事务社会工作专业人才队伍建设工程。到 2020 年建成 20 万人、到 2025 年建成 30 万人的青少年事务社会工作专业人才队伍，全面参与基层社区社会工作，重点在青少年成长发展、权益维护、犯罪预防等领域发挥作用。在青少年事务社会工作专业教育培训领域，重点扶持发展 10 家高等教育机构，建立 30 家具有继续教育资质的培训机构、50 家重点实训基地、100 家标准化示范单位。制定青少年社会工作服务标准，推动各级团组织以及青少年服务组织和机构设置社会工作岗位，培育青少年事务社会工作服务机构，逐步实现每个“青年之家”综合服务平台至少配备 1 名青少年事务社会工作专业人才。把青少年社会工作服务纳入政府购买服务指导性目录，组织实施涵盖重点群体、重点领域、重点环节的青少年事务社会工作项目。依法成立青少年事务社会工作领域的社会组织，建设人才队伍管理信息系统平台。建立健全青少年事务领域社区、社会组织、专业社会工作联动机制和社会工作专业人才、志愿者协作机制。完善青少年事务社会工作专业人才培养、评价、使用、激励相关政策配套体系。

四、组织实施

1. 加强对规划实施工作的组织领导。在党中央统一领导下，设立推动规划落实的部际联席会议机制，共青团中央具体承担协调、督促职责。各地区各部门要高度重视青年工作，关心、支持青年事业的发展，形成工作合力。县级以上党委和政府建立青年工作联席会议机制，负责推动本规划在本地区的落实，协调解决规划落实中的问题，县级以上团委具体承担协调、督促职责。在规划实施中，要积极回应和解决青年关心的问题，多为青年办实事。

2. 建立健全青年发展规划体系。各地要以本规划为指导，根据实际编制本地区青年发展规划。注重加强青年发展规划与各地经济社会发展规划及相关专项规划的衔接，更加重视青年发展工作。

3. 充分发挥共青团维护青年发展权益重要作用。共青团要按照《中共中央关于加强和改进党的群团工作的意见》和中央党的群团工作会议精神，全面推进自身改革，保持和增强政治性、先进性、群众性，始终紧跟党走在时代前列、走在青年前列，切实代表和维护青年发展权益。同时，要引导青年识大体、顾大局，依法理性表达诉求，自觉维护社会和谐稳定。

4. 加强服务青年发展阵地建设。大力推进“青年之声”网络互动社交平台建设，依托城乡社区综合服务设施建设“青年之家”综合服务平台，加强网上网下深度融合对接，使其成为服务青年发展的重要阵地。

5. 保障青年发展经费投入。各级政府将本规划实施所需经费纳入财政预算。动员社会力量，多渠道筹集资金，支持青年发展。

6. 营造规划实施良好社会环境。大力宣传党和国家关于青年工作的重大战略思想和方针政策，宣传关心青年就是关心未来的理念，宣传青年先进典型和成功经验，形成全社会关心、支持青年发展的良好社会氛围，形成推动本规划实施的强大合力。

7. 建立规划实施情况监测评估机制。对本规划实施情况进行年度监测、中期评估和终期评估，制定和调整促进青年发展政策措施，推动本规划实现。规范和完善与青年发展有关的统计指标体系，收集、整理、分析相关数据和信息，建立和完善中央、省（自治区、直辖市）两级青年发展监测数据库。

后 记

青年政策的本质在青年话语

话语体系建设是新时代中国理论建设、思想建设、文化建设的重要维度，是推动“一带一路”延伸，实现人类命运共同体愿景的重要切口，是讲好中国故事、构建中国话语的必然要求。党的十八大以来，习近平总书记高度重视话语体系建设，反复强调要“讲好中国故事，传播好中国声音”，将中国文化的精、气、神洒向世界的每个角落。在这个过程中，青年话语是开言先锋，是核心内容。但面对全球风起云涌的新挑战，面对多元文化的不断冲击，青年话语仍处于“话语贫困”“能见度”低的窘境，青年话语要真正为中国话语代言，真正实现用青年的话语去为中国话语的传播立言、凝心、聚力。关键在于要深刻把握青年话语生成、话语表达与话语共振的内在机理，善于利用青年文化，塑造具有中国特色的青年标识，精心打造易于为国际社会所理解和接受的新概念、新范畴、新表述，进而最终实现中国话语体系在国际话语中的涅槃重塑。

话语生成：批判性话语与建设性话语

构建中国特色哲学社会科学话语体系，要善于在话语生成层面上处理好批判性话语与建设性话语的关系。话语生成是哲学社会科学话语体系建设的起点和基石，其生成机制的作用效果直接关系到话语体系自身的逻辑性与严密性。毋庸置疑，中国特色哲学社会科学话语体系是以马克思主义为基本指导，继承和弘扬中华传统文化精髓，借鉴和吸收国外思想文化理论，并深深根植于无限丰富的中国特色社会主义实践。但有人便据此认为，中国特色哲学社会科学话语体系的生成应当只诉诸建设性话语，而应将批判性话语一律排斥在外；甚至认为以马克思主义为代表的批判性话语在革命战争年代固然锻造了锐利的思想武器，但在当下和平发展时期却陷入自我放逐和日益边缘化的茫然之中，毫无用武之地。事实上，这种观点人为割裂了批判性话语与建设性话语之间的有机联系，误解了马克思主义这种基于科学批判精神的话语生成方式。正如习近平总书记所指出的，“哲学社会科学要有批判精神，这是马克思主义最可贵的精神品质”。这种批判精神，并不是对现存简单消极的否定，而是更加体现了如何在不断突破现存中走向未来，本质上是对批判的和革命的辩证法旗帜的高擎。对于马克思的这种内生建设的批判性话语生成方式，列宁曾这样描述道，“凡是人类社会所创造的一切，他都有批判地重新加以探讨，任何一点也没有忽略过去。凡是人类思想所建树的一切，他都放在工人运动中检验过，重新加以探讨，加以批判，从而得出了那些被资产阶级狭隘性所限制或被资产阶级偏见束缚住的人所不能得出的结论”。正是借助于批判性话语与建设性话语的高度集成，马克思主义发展史既是一段充满论战与交锋的批判史，也是一段以“术语革命”引导的话语生成史。由此看来，构建中国特色哲学社会科学话语体系，绝不是简单地将马学、中学、西学相关话语像摆积木一样选择性拼凑起来，这种思想的混同杂糅与理论的移花接木非但不能建构起崭新的话语体系，而只会造成话语之间的“对冲效应”与整个话语体系的不自洽、不稳定。正如同德国官房学派的历史宿命一样，在马克思看来，那只不过是“各种知识的杂拌”“无关材料的混合物”。因此，打造具有中国特色、中国风格、中国气派的哲学社会科学话语体系，必须以“术语革命”为先导，在借鉴共有话语中为我所用，在改造外来话语中赋予新内涵，在发展原有话语中丰富其内容，在创建崭新话语中揭示新规律，真正在批判性话语与建设性话语的“创造性转化”中充分彰显中国特色哲学社会科学话语体系的“新见解”。

话语表达：民族性话语与人类性话语

构建中国特色哲学社会科学话语体系，要善于在话语表达层面上处理好民族性话语与人类性话语的关系。话语表达是哲学社会科学话语体系建设的节点和窗口，其表达方式的实际效果直接关系到话语体系自身的说服力与凝聚力。当下的中国，正处于“两个时代”叠加交织的特殊历史情境之中，特殊历史情境孕育着机遇与挑战、合作与斗争，也赋予了当代中国多重历史使命和人格化扮演，进而更迫切需求话语表达层面上民族性话语与人类性话语的灵活切换和互为映衬。习近平总书记深刻指出，“为什么人的问题是哲学社会科学研究的根本性、原则性问题”，“研究者生活在现实社会中，研究什么，主张什么，都会打下社会烙印”；同时，他也洞察到，要加强对外话语体系建设，研究国外不同受众的习惯和特点，采用融通中外的概念、范畴、表述，把我们想讲的和国外受众想听的结合起来，把“陈情”和“说理”结合起来，把“自己讲”和“别人讲”结合起来，增强对外话语的创造力、感召力、公信力。从本质上来讲，民族性话语蕴含着民族自立的战略清醒，承载着中华民族伟大复兴的历史使命；而人类性话语则更多聚焦全球共同性问题，奉行的是命运共同体原则，贡献着现代化逻辑的智慧方案。在当前特殊历史情境下，两种话语兼则相得益彰，偏则各不得其所。如果一方一味抽象孤立地使用民族性话语，将不利于“一带一路”倡议和构建人类命运共同体的推进，无谓地增加国际政治经济秩序的整合成本，甚至导致中国特色哲学社会科学话语体系在国际社会上被不同程度地标签化；同理，如果另一方也极端抽象无限地使用人类性话语，同样会模糊和弱化话语体系所担负的特定阶级的共同意志，堕入西方资产阶级那种用虚幻性人类话语粉饰真实性的思想旧巢，甚至可能在与西方对打“普世价值”牌的竞赛中最终丧失自身应有的政治本色和理论优势。事实上，如何使民族性话语与人类性话语在“组合配置”中实现最佳状态，马克思曾为我们提供过一个可供参照的范例。鉴于当时法国人的思维特点与蒲鲁东主义者众多的客观情况，马克思创造性地改写出《资本论》法文版，在维持理论内核稳态的前提下，减弱文字论述的战斗性，将名词术语进一步通俗化，有效地推动了《资本论》对法国工人阶级的思想武装。因此，构建适应“两个时代”叠加交织的中国特色哲学社会科学话语体系，既要牢固恪守民族性话语的文化底色，同时又要兼顾人类性话语转化的灵活机动，让民族性话语更加明确人类性话语所蕴含的初心和方向，让人类性话语更好地成为传递和阐述民族性话语的平台和媒介，真正在话语表达方式上把格局、战略与人物、故事有机结合起来，真正在民族性话语与人类性话语的情理交融中生动阐释中国共产党为什么“能”、马克思主义为什么“行”、中国特色社会主义为什么“好”。

话语共振：学术性话语与政治性话语

构建中国特色哲学社会科学话语体系，要善于在话语共振层面上处理好学术性话语与政治性话语的关系。话语共振是哲学社会科学话语体系建设的外在场域，其话语共振的叠加效果直接关系到话语体系自身的现实价值与指导作用。不言而喻，如何正确处理学术与政治的关系，向来是一道难解之题，人们的认识往往也是在曲折中不断向前推进。对于哲学社会科学话语体系来说，其本质上是一种学术性话语，应当与政治性话语保持着一定的张力，不能简单地混淆或等同。但从更高的政治站位上来看，世界上从来就没有纯而又纯的哲学社会科学，世界上伟大的哲学社会科学成果也从来不是凭空产生、坐而论道的，而恰好都是在回答和解决人与社会面临的重大问题中创造出来的。在论及构建中国特色哲学社会科学的着力点、着重点时，习近平总书记指出，“我国哲学社会科学应该以我们正在做的事情为中心，从我国改革发展的实践中挖掘新材料、发现新问题、提出新观点、构建新理论，加强对改革开放和社会主义现代化建设实践经验的系统总结，加强对发展社会主义市场经济、民主政治、先进文化、和谐社会、生态文明以及党的执政能力建设等领域的分析研究，加强对党中央治国理政新理念新思想新战略的研究阐释，提炼出有学理性的新理论，概括出有规律性的新实践”。这也就点明了学术性话语与政治性话语之间的逻辑关联，政治性话语规定着学术性话语的出发点和归宿点，学术性话语则扮演着政治性话语不可或缺的承载者角色；在政治性话语统领好学术性话语的同时，学术性话语也要更好服务于政治性话语。因此，构建符合“用学术讲政治”原则的中国特色哲学社会科学话语体系，实现学术性话语与政治性话语的同频共振、良性互动便显得尤为重要。一方面，要尽力避免将学术性话语与政治性话语割裂开来，各自陷入“自说自话”的闭路循环。事实证明，一旦学术性话语与政治性话语完全脱离，再强大的理论能量也不能转化为改造客观世界的真实力量；而政治性话语如果缺乏学术性话语的阐释与支撑，其科学性便会受到削弱，对于自身简单粗暴的复制和推广，往往更会成为滋生“低级红”现象的土壤与泛滥形式主义的温床。另一方面，也要防止让错误的学术性话语成为正确政治性话语的解读和注释。一样的政治性话语，可以被不同的学术性话语注入迥然不同的理论元素。同样是解读供给侧结构性改革，可以有马克思主义再生产理论与西方供给学派理论之分；抑或是做大做优做强国有企业和国有资本，也可以有社会主义生产过程理论与公共产品理论之别。我们要清醒地看到，在相去甚远的学术性话语解读背后，可能隐藏着的是在学术性话语俘获下政治性话语的基因突变与改弦更张。